文部科学省後援

実用フランス語技能検定試験

仏検公式ガイドブック
セレクション
２級

フランス語教育振興協会編

公益財団法人 フランス語教育振興協会

音声アプリのご利用方法

付属 CD と同じ内容の音声がアプリでお聞きいただけます。

▼

①

パソコン・スマートフォンの QR コード読み取りアプリから下記 URL にアクセスするか、ブラウザから下記 URL を入力し、アクセスします。

https://audiobook.jp/exchange/surugadai

※上記以外の URL からアクセスされますと、音声をご利用いただけません。

▼

②

表示されたページから、audiobook.jp への会員登録ページに進みます。

※音声のダウンロードには、audiobook.jp への会員登録（無料）が必要です。

▼

③

登録後、①のページに再度アクセスし、シリアルコードの入力欄に

90296

を入力して「送信」をクリックします。

▼

④

「ライブラリに追加」のボタンをクリックします。

▼

⑤

スマートフォンの場合はアプリ「audiobook.jp」をインストールしてご利用ください。
パソコンの場合は、「ライブラリ」から音声ファイルをダウンロードしてご利用ください。

ご注意

- ダウンロードには、audiobook.jp への会員登録（無料）が必要です。
- PC からでも、iPhone や Android のスマートフォンからでも音声を再生いただけます。
- 音声は何度でもダウンロード・再生いただくことができます。
- 上記以外の URL からアクセスされますと、音声をご利用いただけません。
URL の入力間違いにご注意ください。
- 当音声ファイルのデータにかかる著作権・その他の権利は公益財団法人フランス語教育振興協会（駿河台出版社）に帰属します。無断での複製・公衆送信・転載は禁止されています。

ダウンロードについてのお問い合わせ：info@febe.jp（受付時間：平日の 10～20 時）

まえがき

本書は2013年度から毎年刊行されている『仏検公式ガイドブック』の別冊として、各級のこれまでの実施問題に詳細な解説をほどこしたものです。

APEF（フランス語教育振興協会）が実施する「実用フランス語技能検定試験」（略称「仏検」）は、フランス語を「読む」「書く」「聞く」「話す」という4つの技能に関して総合的に判定する技能検定試験として、1981年という世界的に見ても早い時期からおこなわれています。

程度としては、日常生活や社会生活を営むうえで必要なフランス語を理解し、一般的なフランス語を読み、書き、聞き、話すことができることが2級では要求されています。ヨーロッパ言語共通参照枠 (CEFR) のB1にほぼ対応しています。

1次試験（筆記）においては、説明文、談話文、対話文、インタビューといったさまざまなタイプの文章を読んだり聞いたりしてその内容を把握することが課せられ、それらの文章について多様な出題がされています。前置詞や同義語、慣用句について問われる出題もあります。さまざまな状況で正しくフランス語が理解できるか、正確にフランス語を使う能力がきちんと身についているかどうかが確認させられるわけです。書き取りと聞き取りの問題もありますから、フランス語の総合的な理解力が測定されます。

2次試験（面接）において過去に出題された問題も本書には収められていますから、問題を正確に理解したうえで、さまざまな話題についてどういう答えをすればよいかを考えて、フランス語で作文してみる練習ができるでしょう。

これらの多様な問題に詳細な解説をつけた本書は、仏検2級合格のための参考書として役に立つだけでなく、仏検をとおしてフランス語の基礎的な力を確実に身につけるためにも有用でしょう。おおいに活用してください。

なお、本書の監修は松村剛が担当しています。

公益財団法人　フランス語教育振興協会

目　次

2 級の内容と程度

● 2 級のレベル

日常生活や社会生活を営むうえで必要なフランス語を理解し、一般的なフランス語を読み、書き、聞き、話すことができる。ヨーロッパ言語共通参照枠（CEFR）の B1 にほぼ対応しています。
標準学習時間：400 時間以上

読　む：一般的な事柄についての文章を読み、その内容を理解できる。

書　く：一般的な事柄について、伝えたい内容を基本的なフランス語で書き表わすことができる。

聞　く：一般的な事柄に関する文章を聞いて、その内容を理解できる。

話　す：日常生活のさまざまな話題について、基本的な会話ができる。

文法知識：前置詞や動詞の選択・活用などについて、やや高度な文法知識を有する。

語彙：約 3,000 語

● 試験形式

1 次試験 / 100 点満点
筆記試験（90 分）
書き取り・聞き取り試験（約 35 分）

2 次試験 / 30 点満点
個人面接試験（約 5 分）

1次試験

１次試験の概要

２級の１次試験（100点満点）は、筆記試験と書き取り・聞き取り試験を合わせ、以下の10の大問から構成されています。

筆記試験（68点満点）

1 前置詞／選択
2 文の完成／記述
3 動詞の選択と活用／記述
4 文章の完成／選択
5 対話文の完成／選択
6 内容一致／選択
7 会話文の完成／選択

書き取り・聞き取り試験（32点満点）

書き取り
聞き取り 1 部分書き取り／記述
聞き取り 2 内容一致／選択

２級は、準２級とくらべた場合、要求される程度が次のようにアップしています。準２級においては「日常生活における平易なフランス語」を「読み、書き、聞き、話す」ことが求められているのに対し、２級では「日常生活や社会生活を営むうえで必要なフランス語」の理解、すなわち「一般的なフランス語」を「読み、書き、聞き、話す」ことが必要とされています。準１級のように「多様なフランス語」が求められてはいませんが、単なる日常生活のレベルは超えており、より高度な「一般的なフランス語」の運用能力が必須とされていることに注意してください。ヨーロッパ言語共通参照枠ではB1におおよそ対応しています。

標準学習時間は400時間ですから、４年制大学のフランス語・フランス文学専攻課程の４年生程度が目安といえるでしょう。必要な語彙数は約3000語で、これは『ラルースやさしい仏仏辞典 Niveau 1』（駿河台出版社）に収められている単語や表現を身につけていることにおよそ対応すると考えてよいでしょう。「単語や表現を身につける」とは、単にフランス語から日本語に、あるいは日本語からフランス語に個々の単語や表現を訳せることを意味するのではありません。それらの単語や表現を使ってきちんとした文を作ることができなくてはいけません。その場合、冠詞をどう使うか、前置詞としては何が適切か、組み合わせる単語はどれが自然かといった多様な問題が出てくることは 2 級のレベルでは当然わかるでしょう。さらに、名詞を動詞にしたらどうなるか、形容詞や動詞から名詞を作る場合にはどういう文ができるか、フランス語のなかで似たような言い方としてどういうものがあるか、それらの使い方の相違点はどこにあるか、あるいは逆に反意語としては何があるか、といった連想をどれだけ伸ばしていけるかというのも重要な点です。そういった意味での運用能力が求められている以上、仏和辞典と和仏辞典だけに頼る習慣はやめ、仏仏辞典を日ごろからよく読むことをおすすめします。本書でも『ラルースやさしい仏仏辞典 Niveau 1』を**解説**で引用していきますから、これをきっかけにこの辞書に慣れ親しむとよいでしょう。たくさんの例文と説明をとおして基本的な語彙を確実に身につけていくと、きちんとしたフランス語を使う喜びがいっそう増すにちがいありません。

『公式ガイドブック』には「**過去問しか載っていないから対策にならない**」と思っている人がときどきいますが、過去の問題に取り組みつつ**解説**を熟読し、『ラルースやさしい仏仏辞典 Niveau 1』の該当箇所その他をよく読んで理解し、基本的な語彙を身につけていくことこそ最良の対策になるということは経験者が語るところです。問題を解くだけでなく**解説**もたんねんに読めば、今後の出題へのヒントがそこには多く隠されていると考えるべきでしょう。

もちろん、その他の手段でもフランス語になるべく多く接するように努めるべきであることは言うまでもないでしょう。現在では従来の紙媒体の新聞や週刊誌以外にも、インターネットを通じてさまざまな種類の情報を手に入れることが可能になっています。文字だけでなく画像や音声によって受け取ることもできます。ですから、そういった手段を積極的に活用し、生きたフランス語一般に多くふれるとよいでしょう。

2 級では準 2 級にくらべて記述式の問題がふえています。受験するときには記述式の問題を念入りに解くとよいでしょう。選択式は多少不明なところがあっても推測できる場合がありますが、記述式の場合には正確なつづりを書かなくてはいけないわけですから、ふだん以上にこまかいところまで注意して解答してください。基本的な事項ですが、文頭は**大文字**で始める、**アクサン**は明確に書く（傾斜の向きがあいまいにならないようにする、アクサン・シルコンフレックスをはっきり屋根型にする）といった点もおろそかにしないでください。筆記試験の 90 分をどう配分するかは各自の得意分野によってちがうでしょうが、選択式を早めに（もちろんあわてることなく）すませ、残った時間を記述式にあてて念入りに答えるというのはひとつの有効な方法だと言えるでしょう。書き取りと聞き取りにおいてもフランス語を注意して書くことを忘れないでください。

以下、1 次試験の各問題について、その傾向と対策を過去の問題を取り上げながら解説していきます。

1 次試験配点表

筆記試験	1	2	3	4	5	6	7	小計	書き取り	小計	聞き取り	1	2	小計	合計
	4点	10	10	10	10	14	10	68		14		8	10	18	100

筆記試験

1

4つの問題文の空欄に、提示されている8つの前置詞のなかから適切なものを選んで入れる問題です。解答用紙の該当箇所の正しい番号を塗りつぶします。配点4。

この問題は、いつも得点率が意外に低いのが特徴です（14-18年度の平均は43％です)。この問題について、「重箱の隅を楊枝でほじくるようなこまかい問題」と言う人がいますが、とんでもありません。前置詞の正確な使い方を知らなければ、正確なコミュニケーションをすることはできません。この前置詞問題で得点が低い人は、じつは、ほかの問題もよくできていないことが多いのです。前置詞は、1級や準1級のようなレベルの高い級でも、よく使われるふつうのものしか出題されません。ましてや2級で出題されるのは、ごくふつうに使われる用法ばかりです。ちなみに14-18年度に出題された前置詞は à、après、avec、chez、contre、dans、de、dès、en、entre、malgré、par、pour、sans、selon、sous、sur、vers です。

さて、前置詞の役割は補語 complément をみちびくことで、おもに次の3つの型があります。

(1) **名詞の補語**：「私の父の車」を意味する la voiture de mon père では、所有・帰属関係を示す前置詞 de が la voiture の補語 mon père をみちびいています。

(2) **形容詞の補語**：「彼はだれに対しても親切だ」という意味の文 Il est gentil avec tout le monde. では、相手・対象を示す前置詞 avec が gentil の補語 tout le monde をみちびいています。

(3) **動詞の補語**：「彼女はフランスに出発した」という意味の文 Elle est partie pour la France. では、目的関係を示す前置詞 pour が la France とともに副詞句をなし、動詞 est partie の状況補語になっています。

それぞれ、どの前置詞を使うかは組み合わせる名詞・形容詞・動詞などによってことなります。前置詞は文のなかで語（あるいは語句）と語（あるいは語句）の関係を示す重要な役割を担っていますから、どういう組み合わせで使われるか、ふだんから意識的に覚えるようにしましょう。以下の解説でも述べますが『ラルースやさしい仏仏辞典 Niveau 1』を日ごろからよく読んで、そこにあげられている例文だけでなく、意味の説明、派生語を使った言いかえなどにも注目しておくことをおすすめします。

前置詞問題が、話す能力、書く能力、さらには読む能力を客観的に測定するのにきわめて適切な問題であることがわかったでしょうか。

以下で実際に出された問題をひきますから、試験のつもりで解いてみてください。そのあとで**解説**と**解答**を参考にしてください。

練習問題 1

次の(1)～(4)の（　　　）内に入れるのにもっとも適切なものを、下の①～⑧のなかから１つずつ選び、解答欄のその番号にマークしてください。ただし、同じものを複数回用いることはできません。（配点４）

(1) À ton frère, tu expliqueras le livre page (　　　　) page.

(2) Avez-vous du sucre (　　　　) poudre ?

(3) Le chef d'État avait un million de soldats (　　　　) ses ordres.

(4) Pour écrire son article, elle a copié ses idées (　　　　) mon livre !

① avec	② de	③ en	④ par
⑤ pour	⑥ sous	⑦ sur	⑧ vers

（15 春）

解説 設問の順に見ていきましょう。

(1) 「弟（またはお兄さん）には、ページごとにこの本の説明をしなさい」という内容の文で、空欄には par が入ります。冠詞をともなわない同じ名詞を par の前後に置くと反復を表わし、「～ずつ」「～ごと」の意味になります。

『ラルースやさしい仏仏辞典 Niveau 1』の par の項には、例文として « Avancez deux par deux. » « J'ai lu sa lettre page par page et je n'y ai rien trouvé de méchant comme tu me le disais. » が載っています（最初の例文で辞書に印刷されている pas は par のミスプリです）。この機会にその他の用法も見なおしておくとよいでしょう。

過去問で同じ前置詞 par が問われた文としては、« À cette question, 80 % des élèves de cette école ont répondu par la négative. » « Ce train passe par Marseille pour aller à Nice. » « Elle a étonné tout le monde par son courage. » « Elle est arrivée, par bonheur, avant qu'il commence à pleuvoir. » « Il est grand par rapport à la moyenne. » « Il veut atteindre son but par n'importe quel moyen. » « Ne t'assois pas par terre ! » といったものがあります。これらの用法は身についているでしょうか。

(2) 「粉砂糖はありますか」という内容の文で、en が空欄に入ります。「粉砂糖」は sucre en poudre といい、「角砂糖」は sucre en morceaux といいます。

『ラルースやさしい仏仏辞典 Niveau 1』の poudre の項の最初の例文に « Je n'ai plus de sucre en poudre, je n'ai que du sucre en morceaux. » があるのがわかるでしょうか。冠詞の使い方や単数と複数の使い分けなど、この文を覚えながら注目しておくことをおすすめします。

過去問で同じ前置詞 en が問われた文としては、« Ce matin, les ouvriers se sont mis en grève. » « Cet article n'est plus en vente depuis quelques années. » « Elle est déjà vieille. Laisse-la vivre en paix. » « Hier, je me suis levée en pleine nuit. » « Il a parlé en spécialiste de cette belle statue. » « Il est en cours de français. » « Les jeunes sont venus en masse écouter ce chanteur. » « Mes affaires sont en bonne voie. Les profits ont augmenté. » « Mon fils a disparu en l'espace de quelques secondes. » « Mon père m'a offert une montre en or. » « Nous regardions les tableaux en silence. » « Regarde les deux petites filles en rouge là-bas ! » « Tu veux bien couper la viande en petits morceaux ? » といったものがあります。それぞれ正確に

理解できますか。

(3)「その国家元首は100万人の兵士を指揮下にしたがえていた」という内容の文で、sous が空欄に入ります。前置詞の sous には、支配や保護を表わす名詞の前に置かれて「～のもとに」という意味をもつ用法があります。

『ラルースやさしい仏仏辞典 Niveau 1』の sous の項に、この意味での例文が載っているのがわかりますか。この問題とおなじく ordre がうしろに来て、« Pierre est chef d'entreprise et il a cinquante hommes sous ses ordres. » となっています。よく知っていると思っている前置詞でも、多様な用法を確認するよい機会でしょう。

過去問で同じ前置詞 sous が問われた文としては、« Cette affaire est sous la responsabilité du directeur. » « Elle était sous la douche quand la terre a tremblé. » « Henri a réservé une chambre sous un faux nom. » « Je déteste la violence sous toutes ses formes. » « La lettre qu'elle a écrite est sous enveloppe. » « Ne soyez absents sous aucun prétexte. » « On a étudié la vie des Français sous Louis XIV. » « Regardez bien : vous avez vos papiers sous les yeux. » といったものがあります。きちんと理解し、自分でもこれらの文を作れるようにしておくとよいでしょう。

(4)「彼女は論文（または記事）を書くにあたって、私の本からいくつものアイデアを無断で借用した」という内容の文で、空欄には sur が入ります。copier (qqch) sur qqn, qqch は「～のまる写しで（～を）書く」という意味で、ただ模倣するだけでなく、不正な行為という意味になります。『ラルースやさしい仏仏辞典 Niveau 1』の copier の項には « Le professeur s'est aperçu que Pierre avait copié sur son voisin, c'est pour ça qu'il lui a mis un zéro. » という例文が載っています。

出題時に、この設問の空欄に *de* を入れた受験者がかなりあり、それも正解ではないかとの問い合わせもいただきました。しかし、問題文の意味を保ったまま de を使おうとすれば、Pour écrire son article, elle a copié les idées de mon livre. ないし elle a copié certaines idées de mon livre. あるいは elle a repris des idées de mon livre. といった書きかえが必要になります。このように、前置詞によってどのような組み合わせが可能であるかを日ごろから注意しておくとよいでしょう。

過去問で同じ前置詞 sur が問われた文としては、« Dans ce pays, une

personne sur deux a une voiture. » « Étendez-vous sur le dos. » « Ma sœur se précipite toujours sur le téléphone quand il sonne. » « Mon enfant fait bêtise sur bêtise. » « Nous comptons sur l'esprit de responsabilité de chacun. » « Peut-on manger sur place ? » « Pouvez-vous écrire 10 à 20 lignes sur ce que vous avez fait hier ? » といったものがあります。多様な用法がきちんと身についているか確認しておきましょう。

解答 (1) ④ (2) ③ (3) ⑥ (4) ⑦

練習問題 2

次の(1)～(4)の（　　　）内に入れるのにもっとも適切なものを、下の①～⑧のなかから1つずつ選び、解答欄のその番号にマークしてください。ただし、同じものを複数回用いることはできません。（配点4）

(1) Autrefois, mon grand-père était (　　　　) la tête de cette banque.

(2) Il ne faut (　　　　) aucun cas toucher aux sculptures.

(3) Il s'est approché (　　　　) ses parents pour les embrasser.

(4) Les chats courent (　　　　) tout ce qui bouge.

① à　② après　③ de　④ depuis
⑤ en　⑥ par　⑦ pour　⑧ sous

（16 秋）

解説 設問の順に見ていきましょう。

(1) 「昔、私の祖父はその銀行のトップにいた」という意味です。「頭」を意味する名詞 tête はだれでも知っているでしょうが、これが比ゆ的に「～の先頭に、～を指導する地位に」を意味する場合には前置詞句 à la tête de qqch が使われます。ですから空欄には à が入ります。出題時には半数近い受験者が正解していました。

『ラルースやさしい仏仏辞典 Niveau 1』の tête の項をひいてみましょう。この設問で使われている表現の例文（« Son père est maintenant à la tête d'une très grosse entreprise. »）がどこにあるかわかりますか。その他の表現（avoir, faire une drôle de tête など）や解説なども熟読して、身についているか確認することをおすすめします。

過去問で同じ前置詞 à が問われた文としては、« À l'entendre jouer, on le croirait grand pianiste. » « À part ça, je n'ai plus rien à vous dire. » « Cet élève a été le premier à lever la main. » « Elle a emprunté 50 euros à sa nièce. » « Elle a fait cuire cette viande à feu doux. » « Il fait 36 degrés à l'extérieur. » « Il y a des besoins à satisfaire. » « Ils leur ont servi à boire. » « J'aimerais bien lui parler seul à seul. » « Je tiens à ce qu'elle soit là. » « Jules connaît à fond l'histoire du Japon. » « Les deux jeunes filles ont volé son portefeuille à mon père. » « Les parents actuels cèdent trop souvent à leurs enfants. » « Maintenant, c'est à vous de prendre la parole. » « Marc est allé à la rencontre de sa mère. » « Mon père marche à grands pas. » « On ne parle pas de politique à table. » « Renoncez à ce sport : c'est trop dangereux pour vous. » « Une table pour demain soir, c'est possible ? — Oui, à quel nom ? » といったものがあります。多様な用法が身についているでしょうか。

(2) 「どんな場合でも彫刻にふれてはいけない」という意味です。「場合」を意味する名詞 cas は「どんな場合でも」という意味では前置詞 en と不定形容詞 aucun とともに使いますから、空欄には en が入ります。この熟語はきちんと身についているでしょうか。

『ラルースやさしい仏仏辞典 Niveau 1』の cas の項をひくと、その他の表現が例文（« Au cas où je ne serais pas à l'heure, commence à préparer le repas. » など）とともに載っています。それぞれの意味がわかるだけではなく、自分でも同じような文をしっかり作れるかためしてみるとよいでしょう。
過去問でenが問われた文については筆記試験 1、**練習問題 1** (2)の解説を参照してください（14ページ）。

(3)「彼は両親に近づいて、キスを（あいさつとして）した」という意味です。代名動詞 s'approcher が「近づく」という意味であることは知っているでしょうが、目的語をとって「〜に近づく」としたいときは前置詞 de を使います。したがって空欄には de が入ります。出題時には *à* を選んだ受験者が3割以上いました。日本語の「〜に」につられてしまったのでしょう。動詞を覚える際に、どのような前置詞とともに使われるかはいつでも注意すべきところです。

『ラルースやさしい仏仏辞典 Niveau 1』の approcher (s') の項をひくと、この用法の例文として « Je crois que je suis plus grand que vous : approchez-vous de moi, on va voir. » が載っています。同義表現として何があげられているかわかりますか。

過去問で同じ前置詞 de が問われた文としては、« Ces deux étudiants sont de la même force en français. » « Elle fait très bien la cuisine quand elle est de bonne humeur. » « Faute de temps, nous n'avons pas visité le musée. » « Ici, le fleuve a combien de mètre de large ? » « Il ne m'a pas informé de son projet. » « Il n'y a rien de plus sale que sa chambre. » « Mon père a pas mal de disques compacts » « Nous serons de retour au bureau à 14 heures. » « On m'a chargée de ce cours. » « Qu'est-ce qui t'arrive ? Tu fais une drôle de tête... » « Tenez, de toutes façons, je vous l'offre. » « Tout ce que vous faites, faites-le de bon cœur. » « Un gros camion suivait ma voiture de très près. » « Vous nous enverrez une photo prise de face. » といったものがあります。

(4)「なんでも動くものを猫は追いかける」という意味です。「走る」という意味の動詞 courir を使って「〜を追いかける」と言う場合には、前置詞 après を使います。したがって空欄にはこの前置詞を入れれば正解です。出題時には誤答として *en*、*par*、*pour* を選んだ受験者が合計で4割もいました。

『ラルースやさしい仏仏辞典 Niveau 1』の courir の項には「走る」という日本語に対応する用法以外の使い方も載っています。courir les magasins とか courir un danger, un risque といった表現も身についていますか（例文は

« Son mari ne comprend pas qu'elle passe ses journées à courir les magasins pour trouver une robe. » « La pauvre, elle ne sait pas le danger qu'elle court en partant seule avec lui. » など）。この機会に確認しておくとよいでしょう。それと同時に、courir の活用がきちんと書けるかも再確認しましょう。

過去問で同じ前置詞 après が問われた文はあまり多くなく、« Vous entrez l'un après l'autre dans la salle, s'il vous plaît ! » « Pour moi, le travail passe après la santé. » といった程度です。

解答 (1) ① (2) ⑤ (3) ③ (4) ②

練習問題 3

次の(1)～(4)の（　　）内に入れるのにもっとも適切なものを、下の①～⑧のなかから1つずつ選び、解答欄のその番号にマークしてください。ただし、同じものを複数回用いることはできません。（配点4）

(1) Elle a annulé son voyage (　　　　) prétexte que son père était malade.

(2) Pouvez-vous changer ces 50 000 yens (　　　　) des euros ?

(3) Sur mille romans, il n'y en a qu'une dizaine (　　　　) remarquables.

(4) Vous avez de bonnes relations (　　　　) lui.

① à	② avec	③ contre	④ de
⑤ dès	⑥ par	⑦ sous	⑧ sur

(17春)

解説 設問の順に見ていきましょう。

(1) 「彼女は父親が病気だということを口実に旅行をキャンセルした」という意味です。sous prétexte que + ind. は「〜という口実で」という意味の前置詞句ですから空欄には sous を入れれば正解です。

『ラルースやさしい仏仏辞典 Niveau 1』の prétexte の項をひいてみましょう。この設問と似た表現の例文（« Paul n’est pas venu sous prétexte que sa mère était malade. »）があるのがわかりますか。もうひとつの表現 sous aucun prétexte に同義表現として en aucun cas があたえられていることもそこに読めるでしょう。派生語の例文なども熟読して、身についているか確認することをおすすめします。

同じ前置詞 sous が過去問で問われた文については、筆記試験 1、**練習問題 1** (3)の解説を参照してください（15 ページ）。

(2) 「この 5 万円をユーロに両替していただけますか」という意味です。changer にはいろいろな意味がありますが、ここでは「両替する」を意味しています。空欄には contre が入ります。前置詞 en を使って changer ces 50 000 yens en euros と言うこともできますが、その場合には前置詞のあとには無冠詞名詞がつづきます。

『ラルースやさしい仏仏辞典 Niveau 1』の changer の項をひくと、その他の表現が例文とともに載っています（« Pierre a changé d’adresse, tu sais où il habite, maintenant ? » « Allons au cinéma, ça te changera les idées. » « Qu’est-ce qu’il a changé ! En un an, Paul est devenu un homme. » など）。それぞれの使い分けがしっかり身についているか、自分でも同じような文を作れるかどうかためしてみるとよいでしょう。

過去問で同じ前置詞 contre が問われた文には、« Cette loi a été votée à 250 voix contre 220. » « Le village entier a lutté contre l’incendie de forêt. » « Sur cette ligne d’autobus, les gens sont toujours serrés les uns contre les autres. » といったものがあります。

(3) 「1000 冊の小説のなかで、注目すべきものは 10 冊ほどしかない」という意味です。数量表現のひとつとして「約 10 の」を意味する une dizaine de はよく知っているでしょうから、空欄に de を入れることはむずかしくはないでしょう。de のあとには無冠詞名詞がつづきますが、設問の文では名詞 romans が代名詞 en になっています。このように中性代名詞 en がかわりとなっている名詞を修飾する形容詞（この場合 remarquable）は en がかわりとなっている名詞（この場合 romans）の性数に応じて変化します。

この機会に『ラルースやさしい仏仏辞典 Niveau 1』の dizaine の項だけでなく、centaine、douzaine などの項もひいてみるとよいでしょう。そこに載っている例文（« Il y avait plusieurs centaines de personnes à la manifestation. » « Vous êtes allés souvent au cinéma cette année ? — Oh ! non, à peine une demi-douzaine de fois. » など）を自分でもきちんと作れるかどうか、確認するチャンスです。

同じ前置詞 de が過去問で問われた文については、筆記試験 1、**練習問題 2** (3)の解説を参照してください（19 ページ）。

(**4**)「あなた（方）は彼と仲がよい」という意味です。名詞 relation がこの設問のように複数で用いられて人と人との「関係」や「仲」を意味し、関係のある相手を示すのには前置詞 avec を使うということはすでによく知っているでしょうから、この問題はむずかしくはないでしょう。

ただし、『ラルースやさしい仏仏辞典 Niveau 1』の relation の項には avoir des relations (avec qqn) というこの設問の構文以外に、être, rester, se mettre, entrer en relation (avec qqn) という表現も載っていますから、その使い方もこの機会に確認しておくとよいでしょう。さらに、relations という複数形で « personnes que l'on connaît » を意味する使い方も例文（« Tu devrais t'adresser à Irène : elle a beaucoup de relations, je suis sûr qu'elle te trouverait du travail. »）とともに説明されていますから、その用法がきちんと身についているか、再確認しましょう。

過去問で同じ前置詞 avec が問われた文としては、« C'est avec l'accord de son médecin qu'il est parti en voyage. » « Frédéric s'est réconcilié avec son père. » « Il s'est coiffé avec soin. » « Le bateau arrivera avec une heure de retard. » « On le confond souvent avec son frère. » « Paul a passé son permis de conduire avec succès. » « Ses actes sont en complète contradiction avec ses idées. » といったものがあります。それぞれの用法が身についているか確認してみましょう。

解答　(1) ⑦　(2) ③　(3) ④　(4) ②

練習問題４

次の(1)～(4)の（　　　）内に入れるのにもっとも適切なものを、下の①～⑧のなかから１つずつ選び、解答欄のその番号にマークしてください。ただし、同じものを複数回用いることはできません。（配点４）

(1) C'est une cuillère (　　　　) dessert en argent.

(2) Je travaille beaucoup en ce moment, car l'examen est (　　　　) bientôt.

(3) Ma montre avance (　　　　) deux minutes.

(4) Qu'est-ce que vous voulez dire (　　　　) là ?

① à　② de　③ en　④ entre
⑤ par　⑥ pour　⑦ sous　⑧ sur

（17 秋）

解説 設問の順に見ていきましょう。

(**1**)「それは銀製のデザートスプーンです」という意味です。

「スプーン」を意味する名詞 cuillère（または cuiller）はよく知っているでしょうが、「スープスプーン、大さじ」、「デザートスプーン、中さじ」、「コーヒースプーン、小さじ」はそれぞれ cuillère à soupe、cuillère à dessert、cuillère à café と言うことは身についているでしょうか。このように前置詞 à がふたつの名詞の間に入ることがわかっていれば容易な設問でしょうが、出題時には *de*、*pour* を選んだ受験者が多数いました。

『ラルースやさしい仏仏辞典 Niveau 1』の cuiller の項をひき、派生語 cuillerée も合わせて、どのように使うか確認しておきましょう。

同じ前置詞 à が過去問で問われている文に関しては、筆記試験 1、**練習問題 2** (1)の解説を参照してください（18 ページ）。

(**2**)「私は今たくさん勉強をしています。もうじき試験だからです」という意味です。

「間もなく、近いうち」を意味する副詞 bientôt には、前置詞 pour と使って、何かが「もうすぐ」おこなわれる予定であることを示す用法があります。時間表現とともに予定を示す前置詞 pour の用法のひとつと理解してもよいでしょう。出題時には *à* を選んだ答案が 6 割もありました。

同じ前置詞 pour が過去問で問われた文としては、« Ce restaurant est célèbre pour la qualité de ses plats. » « Cet accident a eu pour résultat la mort de trois soldats. » « Elle se prend pour une princesse. » « Il est parti en vacances pour dix jours. » « Maurice n'est pas fait pour ce genre de travail. » « Mon article a pour but de faire connaître cet écrivain au public français. » « Ne te fâche pas pour rien. » « Pour ma part, je suis opposé à cette idée. » « Tu es malade ? Tant pis pour toi ! » といったものがあります。それぞれの用法が身についているでしょうか。

この機会に『ラルースやさしい仏仏辞典 Niveau 1』の pour の項をひき、この前置詞の多様な使い方を例文（« Il a pour principe de toujours parler en dernier. » など）をとおして理解しておくとよいでしょう。

ちなみに、この問題で使われている「今」を意味する en ce moment においては前置詞 en が使われることも確認しておきましょう。現在以外の過去か未来の「そのとき」の意味では à ce moment-là という表現があり、その

場合には前置詞が à であることは身についているでしょうか。

(3) 「私の時計は２分進んでいる」という意味です。

時計が「進んでいる」と言う場合に動詞 avancer を使い、「遅れている」と言う場合に retarder を使うことはわかっていても、具体的に何分進んでいたり遅れていたり言いたいときにどのような表現を使えばよいかとなると迷ってしまうかもしれません。いずれも前置詞 de と時間表現を組み合わせればよいとわかっていれば、この設問はむずかしくないでしょう。

『ラルースやさしい仏仏辞典 Niveau 1』の avancer の項には、この設問で問われている以外の意味に関しても例文（« Je suis obligé d'avancer la date de notre rendez-vous ; au lieu de mardi, nous nous verrons lundi. » など）と説明が載っています。熟読しておくとよいでしょう。さらに、この動詞の活用がきちんと書けるかも再確認することをおすすめします。

過去問で同じ前置詞 de が問われている文については、筆記試験 1、**練習問題 2** (3)の解説を参照してください（19 ページ）。

(4) 「それはどういう意味ですか」という意味です。

動詞 vouloir も dire もよく知っているでしょうが、vouloir dire をどう使うかはしっかり身についているでしょうか。『ラルースやさしい仏仏辞典 Niveau 1』の dire の項で例文（« Qu'est-ce que François a voulu dire dans sa lettre, tu as compris quelque chose ? » など）と説明をよく読んでおきましょう。

副詞句 par là には、ある場所を示しつつ「そこを通って」（たとえば « On va passer par là. »）あるいは「そのあたりに」の意味（たとえば « Tu ne vois pas mes lunettes par là ? »）もありますが、あることばを問題にして「それによって」を意味する場合もあります。vouloir dire 以外に、entendre を使って « Qu'est-ce que vous entendez par là ? » と言うこともできます。

過去問で同じ前置詞 par が問われている文については、筆記試験 1、**練習問題 1** (1)の解説を参照してください（14 ページ）。

解 答　(1) ①　(2) ⑥　(3) ②　(4) ⑤

練習問題 5

次の(1)～(4)の（　　　）内に入れるのにもっとも適切なものを、下の①～⑧のなかから1つずつ選び、解答欄のその番号にマークしてください。ただし、同じものを複数回用いることはできません。なお、①～⑧では、文頭にくるものも小文字にしてあります。（配点4）

(1) Le chauffeur de taxi a acheté (　　　　) trente euros d'essence.

(2) Posez l'échelle (　　　　) l'arbre.

(3) Si on dînait (　　　　) ville ce soir ?

(4) (　　　　) ce qu'il écrit, il y a quelque chose de faux.

① à	② avec	③ contre	④ dans
⑤ en	⑥ par	⑦ pour	⑧ sauf

（18春）

解説 設問の順に見ていきましょう。

(1) 「タクシーの運転手はガソリンを 30 ユーロ分買った」という意味です。前置詞 pour は、「代価」を示して「～を支払って、～とひきかえに」という意味になることがあります。

『ラルースやさしい仏仏辞典 Niveau 1』の pour の項には、« Qu’est-ce qu’on peut avoir pour dix francs ? » という例文が載っています。問題文も、pour のこうした用法を問うものです。同じ意味での pour の用例として、pour rien「ただで」があります。関連する表現として覚えておきましょう。

同じ前置詞 pour が過去問で問われている文については、筆記試験 1、**練習問題 4** (2)の解説を参照してください（25 ページ）。

(2) 「木にはしごを立てかけてください」という意味です。前置詞 contre は、「対立」を示して「～に対して、～に反して」という意味になるほかに、「接触」を示して「～によりかかって、～にくっつけて」という意味でも用いられることを覚えておきましょう。『ラルースやさしい仏仏辞典 Niveau 1』の contre の項には、« Posez les cartons contre le mur, je les rangerai après. » という例文が載っています。

同じ前置詞 contre が過去問で問われている文については、筆記試験 1、**練習問題 3** (2)の解説を参照してください（22 ページ）。

(3) 「今晩は外食しない？」という意味です。副詞句 en ville は「街で」という意味になる成句で、しばしば chez soi「自宅で」との対比が含意されています。

『ラルースやさしい仏仏辞典 Niveau 1』の ville の項には、dîner en ville「街で夕食をとる」すなわち「外食する」の例文があり、« Nous ne serons pas chez nous ce soir, nous dînons en ville. » が載っています。ちなみに dans la ville とするとニュアンスがちがってきて、hors (de) la ville「市外で」との対比が含意され、「市内で」という意味になります。

同じ前置詞 en が過去問で問われている文については、筆記試験 1、**練習問題 1** (2)の解説を参照してください（14 ページ）。

(4) 「彼が書くものには、何かしら不正確なところがある」という意味です。ここでの dans は「場所」を示し、「～のなかに」という意味になります。初級文法で習う、前置詞 dans のごく基本的な用法です。出題時には誤答とし

て *à* を選んだ受験者が少なくありませんでしたが、おなじく「場所」を示す前置詞でも、à は地点を含意し、dans は明確に区分された空間の内部を表わすことを、ここでしっかり確認しておきましょう。

過去問で同じ前置詞 dans が問われた文には、« Ayant beaucoup de temps, il progresse bien dans son apprentissage de la danse. » « Elle a fait du chinois dans sa jeunesse. » « Je t'aime beaucoup dans cette robe. » « Ne vous asseyez pas dans ce fauteuil. » « Qu'est-ce qui s'est passé ? — Une voiture est rentrée dans un mur. » « Viviane, viens vite, sinon tu vas te perdre dans la foule. » といったものがあります。それぞれ正確に理解でき、自分でもこのような文が書けるでしょうか。

解答 (1) ⑦　(2) ③　(3) ⑤　(4) ④

練習問題 6

次の(1)～(4)の（　　　）内に入れるのにもっとも適切なものを、下の①～⑧のなかから１つずつ選び、解答欄のその番号にマークしてください。ただし、同じものを複数回用いることはできません。（配点４）

(1) J'ai accepté (　　　　　) moi la proposition de Monique.

(2) L'évolution de la population varie (　　　　　) les pays.

(3) Qu'est-ce que tu as fait (　　　　　) mes lunettes ?

(4) Vos résultats à l'examen n'étaient pas mauvais (　　　　　) l'ensemble.

① après	② avant	③ dans	④ de
⑤ depuis	⑥ malgré	⑦ par	⑧ selon

（18 秋）

解 説 設問の順に見ていきましょう。

(**1**) 「私はMoniqueの提案をしぶしぶ受け入れた」という意味です。前置詞 malgréが「～にもかかわらず」「～の意に反して」という意味で使われることはよく知っているでしょう。この設問では主語と同じ人称の代名詞強勢形をみちびいて「いやいや、しぶしぶ」という用法です。出題時には *de* ないし *par* を選んだ受験者が多くいました。

『ラルースやさしい仏仏辞典 Niveau 1』の malgré の項をひき、この設問で使われている malgré soi が2つの意味をもつことを、例文（« Excusez-moi, j'étais derrière la porte et j'ai entendu malgré moi ce que vous avez dit. » « Il ne faut pas lui en vouloir, il a fait ça malgré lui, parce qu'il était obligé de le faire. »）と同義表現（involontairement ; à contrecœur ; contre son gré）とで確認するだけでなく、ほかの表現（malgré que + subj. ; malgré tout）も身についているか再確認するとよいでしょう。

過去問で同じ前置詞 malgré が問われた文には、« Excusez-moi, je n'ai pas fait ça exprès, c'était malgré moi. » « Sa pièce de théâtre est un peu trop longue, mais malgré tout, elle est bien écrite. » といったものがあります。

(**2**) 「人口の変化は国によってちがう」という意味です。「～に応じて、～しだいで」を意味する前置詞 selon を空欄に入れればよいことは文意からすぐにわかったでしょうか。

『ラルースやさしい仏仏辞典 Niveau 1』の selon の項をひき、この前置詞にはおもに2つの使い方があることを例文（« Pierre change très souvent d'avis selon les circonstances. » « Selon les journaux, il va faire très chaud cet été. » など）をとおして確認することをおすすめします。

過去問で同じ前置詞 selon が問われた文は、ほかに « Elle change de parfum selon le temps et la saison. » がある程度です。

(**3**) 「私のメガネをどうしたんだ」という意味です。動詞 faire の多様な用法のなかに、faire A de B「BをAにする」という構文がありますから、それを思い出せば空欄に前置詞 de を入れることはさほどむずかしくはないでしょう。出題時には *par* を選んだ受験者が3割いましたが、それでは適切な文にはなりません。

過去問で同じ前置詞 de が問われた文については、筆記試験 1、

練習問題 2 (3)の解説を参照してください（19 ページ）。

『ラルースやさしい仏仏辞典 Niveau 1』の faire の項には、この設問で問われている以外の用法に関しても例文（« Trois plus cinq font huit. » « On n'arrive pas en retard sans prévenir, ça ne se fait pas. » など）と説明が載っています。長い項目ですが熟読しておくとよいでしょう。よく知っていると思っている単語であっても、さまざまな使い方が正確に理解できているかを再確認することは必要です。

(4)「あなた（方）の試験の成績はおおむね悪くありませんでした」という意味です。dans l'ensemble「おおむね」という副詞句が思い出せれば、空欄に dans を入れるのはむずかしくないはずです。

ensemble には副詞としての用法と名詞としての用法があることはしっかり身についているでしょうか。『ラルースやさしい仏仏辞典 Niveau 1』の ensemble の項で例文（« Pourquoi vous êtes-vous fâchés ? — À cause d'un ensemble de choses, rien de spécial en particulier. » など）と説明をよく読んでおきましょう。

過去問で同じ前置詞 dans が問われた文については、筆記試験 1、**練習問題 5** (4)の解説を参照してください（28 ページ）。

解 答 (1) ⑥　(2) ⑧　(3) ④　(4) ③

2

フランス語の文が5つ提示されています。それぞれに1つずつ空欄があります。フランス語文の下に提示されている日本語文が表わす意味になるように、適切なフランス語を1語、空欄に書き入れる問題です。配点10。

記述式の問題であるため、例年得点率はあまり高くありません。14-18年度の平均は16%でした。

ここで問われるのはフランス語の語彙・表現の知識です。提示されている日本語文は、その各語がフランス語文の各語に対応するような文ではないのがふつうです。フランス語を完成するためのヒントと考えるべきです。日本語が言っている内容をフランス語で言うとしたらどんな文になるかの知識が問われているのです。話す力、書く力がためされているとも言えるでしょう。

過去の問題から例を1つあげてみましょう。

J'ai beaucoup entendu (　　　) de vous.

おうわさは、かねがねうかがっています。

空欄に何が入るかわかりましたか。正解は parler です。得点率は28%でした。日本語文とフランス語文は、字面はかけ離れていますが同じことを言っています。もし J'ai beaucoup entendu parler de vous. という文を見たり聞いたりすれば、意味のわからない人は2級の受験者にはいないはずです。ただし、意味はわかっても、これを「(人が) あなたについて話すのをたくさん聞きました」と訳したのでは日本語とは言えません。また、「おうわさは、かねがねうかがっています」といつでも訳せばよいともかぎりません。状況によっては「あなたの話はいろいろ聞いていますよ」という感じがふさわしい場合もあるでしょう。大切なのは、「あなたの話はいろいろ聞いていますよ」や「おうわさは、かねがねうかがっています」と言える状況では、フランス語では J'ai beaucoup entendu parler de vous. と言う、ということを知っていることです。フランス語を読んだり聞いたり話したりするときに、いちいち日本語に結びつけずに、フランス語だけの枠組みのなかで考えるのが上達の秘訣です。

この問題への対策は、新しく学んだ語句や表現を組み込んだ文をなるべく多く覚えていくことでしょう。『ラルースやさしい仏仏辞典 Niveau 1』の例文や解説はそのためにおおいに役立ってくれます。うろ覚えでは正解に到達できませんから、何度も手で書いたり発音したりして練習することも忘れずにしてください。また、出される問題は会話のなかでよく使われる話しことばであることが多いので、過去に出された問題を覚えていくことで会話力も増進します。その場合、使い方を簡単な例文と合わせてよく理解し、誤解のないように注意しましょう。

以下にあげる問題を解いて、実際にどういう単語や表現が問われているのかを見てください。**解説**も参考になるでしょう。

練習問題 1

次のフランス語の文 (1) ～ (5) が、それぞれあたえられた日本語の文が表わす意味になるように、(　　　) 内に入れるのにもっとも適切な語（各 1 語）を解答欄に書いてください。（配点 10）

(1) Ce bus ne (　　　　　) pas de voyageurs.
　このバスには乗れません。

(2) C'est un objet auquel je (　　　　　) beaucoup.
　それは、私がとても大切にしているものです。

(3) Eh bien ! Il n'y a pas moyen de faire (　　　　　).
　だって、ほかにどうしようもないじゃないか。

(4) Il ne me serait jamais (　　　　　) à l'idée qu'elle te quitte.
　まさか彼女が君と別れるなんて。

(5) Sa victoire ne fait aucun (　　　　　).
　彼の勝利はまちがいなしだ。

（16 春）

解説 この問題では、語と語の関係ではなく、表現のレベルでの対応が求められています。ですから、日本語からの逐語訳的な発想ではなかなか正解にいたることができません。実際にどういう場面で使われるのか、具体的な状況を想像しながら自分のもっている語彙のなかから対応するものをさがしてみましょう。フランス語に固有の言い方にふだんから注目しておくとよいでしょう。

それでは、各設問をくわしく見ていきましょう。

(1) 日本語の「このバスには乗れません」に対応するフランス語の文では、Ce bus「このバス」が主語に置かれ、voyageurs「乗客」が目的語の位置にきています。つまり、「このバスは乗客を乗せません」という無生物主語の文になるのです。ですから、フランス語ではめずらしくない無生物主語の発想に慣れていないと、この設問に答えるのはむずかしいかもしれません。とはいえ、無生物主語と組み合わせて使うことの多い動詞があり、そのような動詞の用法と用例を覚えておけば、フランス語らしい発想になじんでいくことができます。たとえば permettre...「〜を可能にする」などはその典型ですので、辞書で用例を確認しておきましょう。

さて、「〜を乗せる」に対応するフランス語の動詞としては prendre が考えられます。建物や乗りものなどを主語にして、「〜（人）を受け入れる」、「〜（人）を迎え入れる」という意味で使われます。出題時に誤答として多かったのは *permet*、*sert*、*porte* など、いずれも主語に無生物をとりやすい動詞を選んだケースですが、どれも日本語の意味には対応しません。prend のかわりに prendra を入れても正解です。ただし、条件法現在形の *prendrait* は入りません。

(2) 日本語の「大切にしている」に対応するフランス語の動詞 tenir を思いつき、適切に活用できれば正解です。tenir à...、tenir à + inf.、tenir à ce que + subj. というように前置詞 à をともなって「〜に愛着をおぼえる、ぜひ〜したい」といった意味になりますが、問題文のように、しばしば関係代名詞 auquel や中性代名詞 y と組み合わせて用いられますので注意しましょう。

『ラルースやさしい仏仏辞典 Niveau 1』の tenir の項目は長いですが、熟読してみましょう。« Je te prête ce livre, mais fais-y attention, j'y tiens beaucoup. » という例文が載っていることがわかりますか。出題時に誤答と

しては *garde*、*préfère*、*pense* などがあり、無回答もめだちました。

(3) 日本語の「ほかに」に対応するフランス語の副詞 autrement を入れればよいので、容易に解答できるはずですが、出題時には苦労した受験者が多かったようで、誤答としては *autre*、*rien*、*quoi* などがめだちました。「どうしようもない」という日本語表現にひっかかったせいかもしれません。

il y a moyen de + inf. は「〜できる」という意味の成句です。問題文のように il n'y a pas moyen de + inf.「〜できない」という否定形で使われることが多く、さらに口語では、その省略形である pas moyen (de + inf.)「(〜するのは) 無理だ」の形で使われることもあります。

『ラルースやさしい仏仏辞典 Niveau 1』の moyen (2 つあるうち最初のほうです) の項目には « Je t'assure, il faut prendre le train de 8 heures, il n'y a pas moyen de faire autrement. » という例文が載っています。その他の例文もよく読み、きちんと理解できているか確認してください。

(4) 問題文のフランス語にある l'idée qu'elle te quitte を手がかりにして、venir à l'idée という動詞表現を思いつけるかどうかが鍵になります。この動詞表現はしばしば非人称主語 ça または il をたてて、ça, il (ne) m'est (pas) venu à l'idée (que + ind.)「私は〜ということに思いいたった (思いいたらなかった)」という形で用います。この形を知っていれば、あとは問題文のフランス語から動詞が条件法過去形におかれることがわかりますから、venir の過去分詞形を入れればいいのです。出題時には無回答がめだち、誤答には *arrivé*、*donné*、*pensé*、*tombé*、*imaginé* などがありました。

『ラルースやさしい仏仏辞典 Niveau 1』の idée の項目を参照し、« Comment j'ai deviné que tu serais là ? Eh bien, il m'est venu à l'idée que tu étais en vacances au même endroit que moi. » という例文がどこに載っているかわかりますか。その他の表現 (se faire une idée (+ adj.) de qqch ; avoir dans l'idée que + ind. など) もこの機会にきちんと身についているか確認してみましょう。

(5) 名詞 doute を使った ça ne fait aucun doute「疑いの余地はない」という慣用表現を知っているかどうかが鍵になります。同じ意味になる類似の表現に、ça ne fait pas de doute、il n'y a aucun doute、il n'y a pas de doute などがありますので覚えておきましょう。『ラルースやさしい仏仏辞典

Niveau 1』の doute の項目には « C'est lui qui va gagner, ça ne fait aucun doute. » という例文が載っています。派生語も含め、この項目を熟読するとよいでしょう。

出題時には「まちがい」という日本語にひきずられたためか、*faute*、*tort*、*erreur* などの誤答がめだちました。日本語ではすべて「まちがい」と訳せても、それぞれのフランス語にどのような意味と用法のちがいがあるのか、辞書でしっかり確認しておきましょう。

解答 (1) prend　(2) tiens　(3) autrement　(4) venu　(5) doute

練習問題 2

次のフランス語の文(1)～(5)が、それぞれあたえられた日本語の文が表わす意味になるように、(　　　)内に入れるのにもっとも適切な語（各 1 語）を解答欄に書いてください。(配点 10)

(1) Cet hiver, j'ai attrapé (　　　　　　) deux fois.
　　この冬、私は 2 回かぜをひいた。

(2) Il y a quatre sorties de (　　　　　　) dans cet avion.
　　この飛行機には非常口が 4 つある。

(3) Nous nous verrons à 10 heures comme (　　　　　　).
　　予定通り 10 時に会いましょう。

(4) Sa proposition ne me (　　　　　　) rien.
　　彼の提案は気乗りがしないな。

(5) Tout le monde est au courant, à (　　　　　　) toi.
　　君以外はみんな知ってるよ。

(16 秋)

解説 1問ずつくわしく見ていきましょう。

(1)「かぜをひく」という日本語に対応するフランス語をさがすと、attraper froid が思い出せるでしょう。したがって空欄には froid が入ります。出題時に誤答としては *grippe*、*rhume* などがありました。

たしかに病気の「かぜ」という日本語から grippe、rhume といった名詞を思いつくことはできますが、「かぜをひく」という意味で動詞とともに使う場合にどうなるか注意しましょう。いずれも冠詞が必要で、attraper la grippe「流感にかかる」、attraper un rhume「かぜにかかる」といった構文で使います。基本的な表現ですから、それぞれの単語だけでなく表現全体を例文の形で覚えておくとよいでしょう。そのためには『ラルースやさしい仏仏辞典 Niveau 1』のそれぞれの単語（froid、grippe、rhume）の項を熟読することが有効です。

(2)「非常口」という日本語が sorties de (　　　) の箇所に対応していることはすぐわかるでしょうから、空欄に secours を入れることはさほどむずかしくないはずですが、出題時には苦労した受験者が多かったようです。誤答としては *secour* といったつづりのまちがい以外に *urgence*、*issue*、*danger* などが散見しました。

『ラルースやさしい仏仏辞典 Niveau 1』の secours の項には sortie de secours だけでなく、aller, venir au secours de qqn ; porter secours à qqn といった表現も載っています。例文（« Tu as vu cet accident ? Vite, il faut porter secours aux blessés. » など）を熟読し、自分で使えるようにしておくとよいでしょう。

(3)「予定通り」という日本語に対応するフランス語をさがすといろいろな可能性がありそうですが、comme のあとに1語入れるとすれば動詞 prévoir の過去分詞 prévu が適当だとすぐにわかるでしょうか（convenu も可）。出題時には誤答として *plan*、*rendez-vous*、*toujours*、*prévue* などがありました。

『ラルースやさしい仏仏辞典 Niveau 1』の prévoir の項には、prévoir qqch ; être à prévoir など多様な使い方が載っています。例文（« Avec le nombre des personnes qui doivent venir, il faudra prévoir une grande salle. » など）だけでなく、派生語（prévisible、imprévisible、imprévu、prévoyant）に関する説明もよく読んでおくと自分で文章を作るときに役立つでしょう。

(4) 「気乗りがしない」という日本語に対応するフランス語として何が考えられるでしょうか。「もの、事柄」が主語になって「～の気をひく」という意味で dire が使われることが思い出せれば、それを現在形に活用させて dit を空欄に入れるとわかるでしょう。

出題時には多くの受験者が plaire を活用させて *plaît* と書いていましたが、この設問では空欄のうしろに直接目的語となる不定代名詞 rien があるため、plaire を使うことはできません。空欄のうしろが pas du tout となっていれば plaire は使えます。動詞を覚える際に「まったく～しない」といった否定文になるとどうなるかも考えたうえで例文を頭に入れるとよいでしょう。『ラルースやさしい仏仏辞典 Niveau 1』の dire と plaire の項をひき、例文（« Ce type ne me plaît pas du tout : je le trouve très désagréable. » など）を熟読することをおすすめします。

(5) 「君以外は」という日本語に対応するフランス語が à (　　) toi の部分ですから、「～を除いて」を意味する前置詞句 à　part を思い出し、part を空欄に入れれば正解です。出題時には *sauf*、*sans* などの誤答がありましたが、これらは前置詞 à のうしろでは使いません。

この機会に『ラルースやさしい仏仏辞典 Niveau 1』の part の項をひき、そこにあげられているさまざまな表現（prendre part à qqch ; faire part de qqch à qqn ; de la part de qqn など）が身についているか確認しておくとよいでしょう。同義表現も載っていますから、熟読して語彙をふやすことをおすすめします。

解答　(1) froid　(2) secours　(3) prévu　(4) dit　(5) part

練習問題 3

次のフランス語の文(1)～(5)が、それぞれあたえられた日本語の文が表わす意味になるように、(　　　)内に入れるのにもっとも適切な語（各 1 語）を解答欄に書いてください。(配点 10)

(1) Il n'est pas stupide, (　　　　　　) de là.
彼が愚（おろ）かだなんて、とんでもない。

(2) Je déteste, entre (　　　　　　), ceux qui ne pensent qu'à eux.
自分のことしか考えない人はとくに嫌いです。

(3) L'auteur de ce livre se met au (　　　　　　) des enfants.
この本の著者は子どもの目線に立っている。

(4) Le résultat de l'examen s'est fait (　　　　　　).
試験の結果が出るまでには時間がかかった。

(5) Ma femme m'a mis (　　　　　　).
妻に追い出されたよ。

(17 春)

解説 各設問をくわしく見ていきましょう。

(1) 日本語の「とんでもない」に対応するフランス語の文で、de là「そこから」と結びつくのは「そこから遠くに」という本来の意味が転じて「それどころではない」を意味する loin de là です。「問題外だ」という本来の意味が転じて「とんでもない」を意味する hors de question を発想したためか、出題時には *hors* や *question* とする誤答がめだちました。また、「ない」という表現のために *jamais*、*pas* のような誤答が多くあり、*rien* とした誤答も多くありました。

『ラルースやさしい仏仏辞典 Niveau 1』の loin の項を見ると、« Non, il n'est pas méchant, loin de là, mais il est un peu sévère. » という例文が載っています。このように否定文とともに用いることにも注意しましょう。この項目に載っているその他の例文もよく読むことをおすすめします。

(2) 日本語の「とくに」と問題文にあるフランス語の entre を手がかりにして、「なかでもとくに」に対応するフランス語の成句 entre autres を思いつくことができるかどうかが鍵になります。出題時には *autre* とする誤答がめだちました。複数形で用いることに注意しましょう。日本語に「人」があるために *gens* や *personne(s)* とする誤答も多くありました。

『ラルースやさしい仏仏辞典 Niveau 1』の entre の項を読み、« Alors vous êtes beaucoup allés au cinéma pendant ces vacances ? — Oui et on a vu, entre autres, un film américain extraordinaire. » という例文を確認してみましょう。

(3) 日本語の「子どもの目線に立っている」という表現は、ものの見方が同じ高さに置かれていることを意味します。一方、問題文のフランス語には au とあり、単数形の男性名詞がつづくことは明らかですから niveau が入ります。出題時には「目」という語のために *yeux*、*vue*、*œil* の誤答が多くありました。しかし、いずれも複数であったり、女性名詞であったり、母音から始まったりしているために au を前に置くことすらできないはずです。*regard* や *lieu* の誤答も散見しましたが、au regard de は「〜に照らしあわせてみると」、au lieu de は「〜のかわりに」を意味します。

(4) 問題文のフランス語の主語が le résultat de l'examen であることと s'est fait を手がかりにします。se faire + inf. は「自分を〜させる、〜してもらう」

という意味の使役表現ですが、inf. が他動詞である場合、しばしば受身表現に相当します。したがって attendre を入れると、「試験の結果が待たれる」という文意にすることができます。出題時には「時間」に関する語である *longtemps* や *temps* などの誤答を書いた受験者が７割もいました。

同じ型の使役表現の例として、ほかに se faire entendre「聞こえる」、se faire sentir「感じられる」、se faire voir「見られる」などがあり、フランス語ではよく用いられますので、身につけておくとよいでしょう。

(5) 副詞 dehors を使った mettre qqn dehors「(人) を追い出す」という慣用表現を知っていた受験者が出題時には多くいたものの、*hors*、*déhors*、*dehor*、*dehord* の誤答がめだちました。正しいつづりを覚えるように心がけましょう。類似の表現に、jeter qqn dehors や mettre qqn à la porte がありますから覚えておきましょう。また、*sortir* や *partir* の誤答も多くありましたが、動詞 mettre を使役の意味で用いることはできません。

解答 (1) loin　(2) autres　(3) niveau　(4) attendre　(5) dehors

練習問題 4

次のフランス語の文(1)～(5)が、それぞれあたえられた日本語の文が表わす意味になるように、(　　　) 内に入れるのにもっとも適切な語（各 1 語）を解答欄に書いてください。(配点 10)

(1) Aline n'est pas encore là ? — Non. Mais elle ne va pas (　　　　).
アリーヌはまだかい？—ええ。でもじきに来るわ。

(2) Elle est toujours (　　　　) à cette marque.
彼女は今でもこのブランドを使っています。

(3) La politique le laisse (　　　　).
彼は政治には興味がない。

(4) Tu veux du vin ? — Un tout (　　　　) peu.
ワインはどう？—ほんの少しだけ。

(5) Votre manteau (　　　　) par terre.
コートを引きずっていますよ。

(17 秋)

解説 1問ずつくわしく見ていきましょう。

(1) 「もうじき」という日本語に対応するフランス語をさがすと副詞 bientôt がすぐに思いつくでしょうが、印刷された文 Mais elle ne va pas ( ). の空欄に入れるにはふさわしくありません。そこで発想を変えて、印刷された文が否定文であることに注目して空欄に入りそうなものは何かと考えると、「遅れる、ぐずぐずする」を意味する動詞 tarder を不定法のまま使えば「じきに来る」という意味になることに気づくはずです。出題時には誤答として *retard*、*tard*、*loin*、*longtemps* などがありました。

『ラルースやさしい仏仏辞典 Niveau 1』の tarder の項をひき、この動詞がどのように使われると説明されているか熟読しておくとよいでしょう。Ça ne va pas tarder. の同義表現として Ça ne va pas être long. があたえられていますから、語彙をふやすこともできます。

(2) この文でも「使っています」という日本語に対応するフランス語をさがすだけでは Elle est toujours ( ) à cette marque. の空欄に入りそうなものはみつけにくいでしょう。空欄には形容詞が入りそうだと気がつけば、fidèle（attachée も可）を思い出せるでしょう。出題時には誤答として *utile* のほか、動詞 *utiliser* を活用させて使ったものが見られましたが、空欄に入れるにはふさわしくありません。

『ラルースやさしい仏仏辞典 Niveau 1』の fidèle の項には、fidèle à qqn, qqch という構文の例文として « Sa femme ne lui a pas été fidèle, elle l'a quitté et il a demandé le divorce. » と並んで « Je suis fidèle à mon boucher, sa viande est très bonne. » などが載っています。日本語の「忠実な、貞節な」だけに限定されない用法があることをよく学んでおくとよいでしょう。

(3) 「興味がない」という日本語に対応するフランス語を laisser qqn + adj. という形で言えるかと考えることから出発すると、空欄には形容詞 indifférent（froid、insensible も可）が入ることがわかるでしょう。せっかく単語を思い出しながら、*indifferent* のようにアクサンを忘れては得点になりません。出題時には空欄に *rien* を入れた解答が少なからずありましたが、すでに le が直接目的語としてありますから使うことはできません。*tomber* を入れた解答もありましたが、laisser tomber がどう使われるかを思い出せばこの文では適切ではないとわかるでしょう。

『ラルースやさしい仏仏辞典 Niveau 1』の indifférent の項には、「(人が)(…に) 無関心な」場合と、「(…が) (人にとって) 無関係な、どうでもよい」場合とが区別され、それぞれの例文が複数載っています (« En ce moment, je ne sais pas ce que j'ai, rien ne m'intéresse, je suis indifférente à tout. » « Tu ne fais même pas attention à moi, on croirait que ça t'est indifférent que je sois là ! » など)。よく読んで用法を身につけておきましょう。

(4) 「ほんの少しだけ」という日本語に対応するフランス語は un tout petit peu だとすぐにわかれば空欄に petit を入れることはむずかしくはないでしょう。出題時には *de*、*un* などの誤答がありました。

『ラルースやさしい仏仏辞典 Niveau 1』の peu の項をひき、そこにあげられている表現と例文がきちんと身についているか確認しておくとよいでしょう。たとえば例文 « On s'est manqué de peu, l'autre jour : vous veniez juste de partir quand je suis arrivé ! » を理解するだけでなく、自分でも同じような文を作れるかためしてみましょう。

(5) 「引きずっている」という日本語に対応するフランス語が動詞 traîner だとわかれば、空欄にその直説法現在 3 人称単数 traîne (traine も可) を入れることはむずかしくないはずです。出題時には苦労した受験者が多く、*touche*、*marche*、*tombe* などの誤答を記入した答案が多数ありました。

『ラルースやさしい仏仏辞典 Niveau 1』の traîner の項には他動詞と自動詞のさまざまな用法が載っています。もし見慣れないと思う使い方があれば、例文 (« À qui sont ces chaussures qui traînent dans le couloir ? » « Et votre procès, c'est fini ? — Pensez-vous ! Ça traîne en longueur... » など) を熟読し、どのように使うかをこの機会に学ぶとよいでしょう。

解答 (1) tarder (2) fidèle (3) indifférent (4) petit (5) traîne

練習問題 5

次のフランス語の文⑴～⑸が、それぞれあたえられた日本語の文が表わす意味になるように、（　　　）内に入れるのにもっとも適切な語（各 1 語）を解答欄に書いてください。（配点 10）

⑴ Ce n'est un secret pour (　　　　　　).
　みんな知ってるよ。

⑵ Cette région ne (　　　　　　) pas de charme.
　この地方はなかなか魅力がある。

⑶ Il ne faut pas prendre au (　　　　　　) tout ce qu'il dit.
　彼の言うことを本気にしちゃだめだ。

⑷ Les effets du médicament se sont fait (　　　　　　) tout de suite.
　薬の効果はすぐに現れた。

⑸ Tiens-toi (　　　　　　) !
　背筋をぴんと伸ばして！

（18 春）

解説、各設問をくわしく見ていきましょう。

(**1**) 日本語の「知ってるよ」に対応するフランス語の表現として、ce n'est un secret「それは秘密ではない」があたえられています。つまり日本語では肯定文で示された文意が、フランス語では否定文で表現されているのです。この設問を解く手がかりは、こうした逆転の発想ができるかどうかでしょう。日本語の「みんな」をフランス語に直訳すれば、tout le monde や tous になるでしょうが、否定文にふさわしくこれを逆転させ、pour「〜にとって」につづく空欄に personne「誰にも（〜ない）」を入れます。Ce n'est un secret pour personne は、これ全体で慣用表現にもなり、あとに従属節 que + ind. をしたがえて、「〜ということは公然の秘密である」という意味で用いることもあります。ふつうのことをあえて否定文で表現するというフランス語らしい発想（修辞学の専門用語で litote「曲言法」と言います）が出てこなかったためか、出題時には *tous* や *tout* とする誤答がめだちました。また、*rien* とした誤答も多くありました。

(**2**) この設問でも、日本語では肯定文で示されている文意を、フランス語では否定文で表わしています。日本語で「なかなか魅力がある」とあるのを、「魅力がないわけではない」と言いかえてみると、ふさわしい動詞表現として manquer de...「〜が足りない、欠けている」が念頭に浮かびます。空欄には manque を入れれば正解です。出題時には誤答として *rien*、*perd* などがあり、無回答も見られました。

『ラルースやさしい仏仏辞典 Niveau 1』の manquer の項には、manquer de qqch ばかりか、manquer à qqn、manquer qqch / qqn、il manque qqn / qqch (à qqn) などの多様な用例と意味が載っています。この機会に例文もふくめて熟読することをおすすめします。

(**3**) 「〜を本気にする、〜を真に受ける」という意味の成句表現 prendre qqch, qqn au sérieux を思いつけるかどうかが鍵になります。sérieux は、ここでは形容詞ではなく、「まじめさ、真剣さ、重大さ」といった意味になる名詞です。

『ラルースやさしい仏仏辞典 Niveau 1』の sérieux の項目を見ると、« Il ne faut pas plaisanter avec Paul, il prend au sérieux tout ce qu'on lui dit ! » という例文が載っています。出題時には「本気」という日本語を訳そうとし

たのか、*cœur*、*vrai* とした誤答が多く見られました。ほかに *courant*、*vérité*、*parole* などの誤答もありました。

(4) 日本語の「現れた」に対応するフランス語の動詞はいろいろ考えられますが、問題文の空欄の前が se sont fait となっていることを手がかりにします。se faire + inf. は「自分を〜させる、〜してもらう」という意味の使役表現で、inf. が他動詞である場合、しばしば受身表現に相当することは筆記試験 2、**練習問題 3** (4)の解説で見たとおりです（44 ページ参照）。

「（効果などが）現れる」という意味を、この型の使役表現で言い表わすには、se faire sentir「感じられる」が最適でしょう。sentir にかえて voir を入れ、「見られる」と表現しても正解です。出題時には誤答としては、*apparaître*、*paraître*、*marcher*、*arriver* など自動詞にしたものがめだちました。ほかの誤答として、faire (du) bien「（薬などが）効く」という成句表現から発想したと思われる *bien* も多く、*en*、*à* などの前置詞も散見しました。

(5) se tenir droit「背筋を伸ばす、姿勢をまっすぐにする」という慣用表現を思い出せたでしょうか。日本語の表現にとらわれすぎることなく、それが表わしている行為や状態を具体的にイメージしてみてください。すると、「まっすぐな」を意味する形容詞 droit が入ることに気づくでしょう（女性に対する命令文と考えれば droite も可になります）。出題時には、問題文の日本語に見られる「背筋」にこだわりすぎたためか、*dos* という誤答が続出しました。

解答　(1) personne　(2) manque　(3) sérieux　(4) sentir
(5) droit

練習問題 6

次のフランス語の文(1)～(5)が、それぞれあたえられた日本語の文が表わす意味になるように、（　　）内に入れるのにもっとも適切な語（各 1 語）を解答欄に書いてください。（配点 10）

(1) Il marchait de long en (　　　　) dans sa chambre.
彼は部屋のなかを行ったり来たりしていた。

(2) J'ai du (　　　　) à comprendre ce que vous dites.
おっしゃることがよくわかりません。

(3) La porte se referme toute (　　　　).
そのドアは勝手に閉まる。

(4) Mes filles prennent toujours le (　　　　) de ma femme.
娘たちはいつも妻に味方する。

(5) Son nom ne te (　　　　) pas ?
彼女の名前、思い出せない？

（18 秋）

解説 設問順に見ていきましょう。

(1) 「行ったり来たり」という日本語からは aller et venir という表現を思いつくでしょうが、印刷された文 Il marchait de long en (　　　) dans sa chambre. の空欄に入れるにはふさわしくありません。そこで発想を変えて、印刷された文に de long という表現があることに注目し、long が名詞として「長さ、縦」を意味することを思い出せば、「幅、横」を意味する名詞 large を空欄に入れて de long en large という副詞句が使われているのだとわかるでしょう。出題時には誤答として *court*、*long*、*temps* などがありました。

『ラルースやさしい仏仏辞典 Niveau 1』の long の項をひき、この単語がどのように使われると説明されているか熟読しておくとよいでしょう。よく知っていると思っている単語であっても、例文（« Il m'a raconté toute son histoire en long et en large. » « Dis donc, tu es long à comprendre, ça fait deux heures que je t'explique la même chose. » など）を正確に理解し、自分でもそのような文をきちんと書けるか確認してみることをおすすめします。

(2) この文でも「わかりません」という日本語に対応するフランス語をさがすだけでは J'ai du (　　　) à comprendre ce que vous dites. の空欄に入りそうなものはみつけにくいでしょう。空欄には男性名詞が入るだろうと気がつけば、「苦労、困難」を意味する名詞 mal を思い出せるでしょう。出題時には誤答として女性名詞 *difficulté* のほか、*rien*、*bien* などが見られましたが、空欄に入れるにはふさわしくありません。

この機会に『ラルースやさしい仏仏辞典 Niveau 1』の difficile、difficulté、mal、peine の項をひき、そこに載っているさまざまな例文（« Tu aimes ça ? Eh bien ! tu n'es pas difficile ! » « Cet élève a des difficultés en mathématiques, il va falloir l'aider. » « Ne mange pas trop de chocolat, ça va te faire du mal. » « Françoise se donne de la peine pour aider les autres. »）と説明をよく読み、用法が身についているか確認するとよいでしょう。

(3) 「勝手に閉まる」という日本語に対応するフランス語を se refermer という動詞のあとに何かつけて言えるかと考えることから出発すると、空欄には形容詞 seule が入り、La porte se referme toute seule. という文になることがわかるでしょう。せっかく単語を思い出しながら、*seul* と書いた受験者が出題時にいましたが、男性形のままでは得点になりません。ほかの誤答としては *suite*、*soi-même* などもありました。

『ラルースやさしい仏仏辞典 Niveau 1』の seul の項には、« Le feu n'a pas pris, comme ça, tout seul ? » というこの設問と同じ用法の例文その他の表現と説明が載っています。自分でも使えるか確認するとよいでしょう。

(4) 「味方する」という日本語に対応するフランス語は prendre le parti de qqn だとすぐにわかれば空欄に parti を入れることはむずかしくはないはずです。出題時には *côté*、*part*、*partie*、*droit*、*main* などの誤答がありました。

『ラルースやさしい仏仏辞典 Niveau 1』の parti の項をひき、そこにあげられている表現（prendre parti pour ou contre qqn, qqch ; prendre le parti de qqn ; en prendre son parti など）と例文（« Oh ! toi, tu prends toujours parti pour ton frère, on ne peut pas discuter. » « Il prend toujours le parti du plus fort. » « Tu ne t'entends toujours pas avec Catherine ? — Oh ! maintenant, j'en ai pris mon parti, je la laisse parler et je me tais ! » など）がきちんと身についているか確認しておくとよいでしょう。ついでに女性名詞 partie の項を参照することもむだではないでしょう。

(5) 出題時には「思い出す」という日本語に対応するフランス語は se souvenir あるいは se rappeler だと反射的に考えた受験者が空欄に *souvient* あるいは *rappelle* と書いていましたが、これらの動詞を使って「彼女の名前を思い出せない？」と言いたい場合には設問の文の主語と補語を入れかえて、Tu ne te souviens pas de son nom ? あるいは Tu ne te rappelles pas son nom ? とすべきでしょう。この設問では son nom が主語ですから、動詞 revenir を直説法現在 3 人称単数に活用させて revient とすれば正解です。

『ラルースやさしい仏仏辞典 Niveau 1』の revenir の項には「戻ってくる」という意味以外のさまざまな用法が載っています。もし見慣れないと思う使い方があれば、例文（« Je ne reviendrai pas sur ma décision, ce n'est pas la peine d'essayer de me faire changer d'avis. » « Que tu partes maintenant ou dans cinq minutes, cela revient au même, tu es en retard ! » など）を熟読し、どのように使うかをこの機会に学ぶとよいでしょう。

解答 (1) large　(2) mal　(3) seule　(4) parti　(5) revient

3

2つの文、**A**と**B**があたえられていて、**B**の文に1つの空欄があります。下に不定詞の形で8つの動詞があたえられていますから、そこから適切な動詞を1つ選び、ふさわしい形にして空欄に入れ、**B**が**A**と同じ意味の文になるようにする、という問題です。5問あります。配点10。

Bの文には空欄がありますから、**A**の文を頼りにして、まずは2つの文の意味を突き止めます。次に下のリストから適切な動詞を選びます。そして、**A**の文をもとに**B**の空欄に入れる動詞がどんな法になるか（直説法、条件法、接続法など）、どんな時制になるか（現在、過去、未来など）、どういう態になるか（能動態か受動態か）、主語の人称（1人称、2人称、3人称）と数（単数か複数か）はどれか、に注意して書き入れます。

選択すべき動詞はいずれもよく使われる基本的な動詞ばかりですから、ふだんから、動詞の日本語訳だけでなく、その使い方を文の形で覚えておくとよいでしょう。せっかく正しい動詞を選択していながら活用形をまちがえる受験者が少なからずいます（そのため14-18年度の平均得点率は23%でした）。活用をしっかり身につけておくことも忘れないでください。『ラルースやさしい仏仏辞典 Niveau 1』を日常的によく読んで、動詞のさまざまな使い方に関心をもつだけでなく、自分で活用形を書いて覚えておくようにおすすめします。

以下にあげる問題を、実際の試験を受けるつもりで解いてみてください。解いたあとに**解説**と**解答**を参照してみましょう。

練習問題 1

次の(1)～(5)について、**A**、**B** がほぼ同じ意味になるように、(　　　)内に入れるのにもっとも適切なものを、下の語群から 1 つずつ選び、必要な形にして解答欄に書いてください。ただし、同じものを複数回用いることはできません。(配点 10)

(1) **A** Bientôt l'été..., je dois perdre un peu de poids.
B Il faut que je (　　　　　) un peu avant l'été.

(2) **A** Cette proposition l'a fâchée.
B Elle (　　　　　) en colère à cause de cette propositon.

(3) **A** Contrairement à ce que je prévoyais, il a échoué à son examen.
B Je croyais qu'il (　　　　　) son examen.

(4) **A** Les formalités seront simplifiées.
B Nous (　　　　　) les formalités plus simples.

(5) **A** Vous ne pourriez pas chanter moins fort ? Nous n'arrivons pas à nous entendre.
B Si vous (　　　　　) un peu la voix, on s'entendrait mieux !

baisser	maigrir	passer	rapprocher
rendre	réussir	se mettre	se porter

(15 秋)

解説 設問の順に見ていきましょう。

⑴ **A** の文は「もうじき夏になるから、少し体重を減らさないといけない」という意味です。**B** の文は「夏までに少し～しなくてはいけない」という意味ですから、空欄には「やせる」を意味する maigrir を選択肢から選んで活用させればよいとすぐにわかるでしょう。il faut que につづく節ですから、もちろん接続法現在 maigrisse にします。せっかく正しい動詞を選んでも活用をまちがえた受験者が出題時には多く、誤答としては *maigris*、*maigre*、*maigri* といったものがありました。

接続法の活用を苦手にする受験者が少なくありませんが、日常的に使われるものですからよく確認しておきましょう。

⑵ **A** の文は「この提案は彼女を怒らせた」という意味です。過去分詞が女性形になっていることから、直接目的の代名詞 l' が la のエリジヨンした形であることはわかるでしょう。**B** の文は「この提案のせいで彼女は怒り～」となっていますから、colère を使って「怒りだす」という意味の表現 se mettre en colère が使えると推測できるでしょう。**A** の文に合わせて直説法複合過去 s'est mise にすれば正解です。出題時には、過去分詞を男性形にして s'est *mis* と書いたり、現在形にして *se met* としたり、活用が適切にできなかった受験者が見うけられました。

代名動詞の過去分詞の性数一致はフランス語を母語にしている人たちでもまちがえる点ですが、きちんと規則が頭に入っていればさほどむずかしくはありません。はっきりと覚えていない場合にはこの機会に文法書で再確認しておくとよいでしょう。

⑶ **A** の文は「私の予想に反して、彼は試験に落ちた」という意味です。**B** の文は「彼が試験に～すると私は思っていた」という意味ですから、空欄には「受かるだろう」という意味のフランス語が入ればよいと推測できるでしょう。選択肢のなかから réussir を選ぶことは容易でしょうが、問題はそのあとです。主節の動詞が半過去 croyais になっていますから、過去における未来を表わす条件法現在 réussirait にすれば正解であるとすぐにわかるでしょうか。過去における過去を表わす大過去 *avait réussi* も、過去の事柄に関する推測を表わす条件法過去 *aurait réussi* も「彼が試験に受かったと思っていた」という意味ですので、**A** の文と同じ意味にはなりませんからまちが

いです。正しい動詞を選びながら *a réussi*、*réussit*、*résussisse* などと書いてしまった受験者が出題時にはいたほか、*passer* を選んで活用させた答案も見られましたが、この動詞は「受験する」という意味で、「合格する」という意味ではありません。

条件法もきちんと身についていない受験者が少なくない叙法ですから、基本的な用法をよく覚えていない人は文法書を再読することをおすすめします。

(4) **A** の文は「手続きは簡略化されるだろう」という意味です。**B** の文は「われわれは手続きを、いまより簡単に～」という意味ですから、空欄には rendre qqch + adj. という形で「～を…にする」を意味する動詞 rendre を直説法単純未来 rendrons にして入れればよいとわかるでしょう。出題時には、正しく動詞を選べずに *rapprocher*、*se mettre*、*se porter* などを選んで活用した答案が散見しました。

この機会に『ラルースやさしい仏仏辞典 Niveau 1』の rendre の項をひいて、さまざまな例文（« Papa, tu peux arrêter la voiture ? J'ai envie de rendre. » など）をもとに多様な用法が身についているか、確認してみましょう。

(5) **A** の文は「君たち（あるいはあなた）、もっと小さい声で歌ってくれないかな？ ぼくたちはおたがいの声が聞こえないんだ」という意味です。**B** の文は仮定を表わす従属節で始まっていて、「君たち（あるいはあなた）が少し声を～してくれれば、ぼくたちは今よりよくおたがいの声が聞こえるんだけど」という意味です。したがって空欄には「(声を) 落とす」を意味する baisser を選んで活用させればよいとわかるでしょう。主節が条件法現在ですから、si でみちびかれる節には直説法半過去が入り、正解は baissiez です。せっかく正しい動詞を選びながら、*baissez* という直説法現在にしたり、条件法現在 *baisseriez*、直説法単純未来 *baisserez* にしたりといった誤答が出題時にはかなり見られました。第 1 群規則動詞の活用ですから、落ちついて答えましょう。

解答 (1) maigrisse　(2) s'est mise　(3) réussirait
(4) rendrons　(5) baissiez

練習問題 2

次の (1) ～ (5) について、**A**、**B** がほぼ同じ意味になるように、(　　　) 内に入れるのにもっとも適切なものを、下の語群から 1 つずつ選び、必要な形にして解答欄に書いてください。ただし、同じものを複数回用いることはできません。（配点 10）

(1) **A** Bientôt tu seras à l'hôpital, où il est interdit de fumer.
B Quand tu seras hospitalisé, on t'(　　　　) de fumer.

(2) **A** Ce monument a été construit il y a plus de cent ans.
B Ce monument (　　　　) plus de cent ans d'existence.

(3) **A** Elle était fâchée contre son mari parce qu'il lui avait menti plusieurs fois.
B Elle en (　　　　) à son mari de lui avoir menti plusieurs fois.

(4) **A** Il n'a pas eu peur de dire la vérité.
B Il (　　　　) dire la vérité.

(5) **A** Tu peux utiliser ma voiture si tu en as besoin.
B (　　　　) de ma voiture si elle t'est utile.

arrêter	casser	compter	empêcher
oser	se permettre	se servir	vouloir

（16 秋）

解説 設問の順に見ていきましょう。

(1) **A** の文は「もうじき君は入院するけれど、病院では禁煙だよ」という意味です。**B** の文は「君が入院するときには、喫煙は～されるだろう」という意味ですから、空欄には「さまたげる」を意味する empêcher を直説法単純未来 empêchera にして入れればよいとわかるでしょう。出題時には、正しい動詞を選びながら、*empêche* という直説法現在にした答案が散見したほか、正しい動詞を選べずに *arrêter* などを選んだ受験者もいました。

『ラルースやさしい仏仏辞典 Niveau 1』の empêcher の項をひき、例文だけでなく同義語、反意語にも注目しておくとよいでしょう。défendre、interdire、laisser、permettre がどのような説明とともにあげられているかわかりますか。

(2) **A** の文は「この大建造物は 100 年より前に作られた」という意味です。**B** の文は「この大建造物は 100 年を超えて存在～」という意味ですから、空欄には「(ある年数を) もっている」の意味で使われる compter を直説法現在 compte に活用させて入れれば正解です。出題時の誤答としては、正しい動詞を選びながら時制をまちがえた *a compté* が多くありました。設問の文をよく読み、どの時制が最適かをよく考えましょう。

『ラルースやさしい仏仏辞典 Niveau 1』の compter の項には多様な意味の用法があげられています。「数える」以外にどういう使い方があるか、この項目を熟読しておくとよいでしょう。« Comptez avec la rentrée sur Paris, partez à l'avance. » « On ne va pas se quitter comme ça, trois ans d'amitié, ça compte, non ? » といった例文がすぐに正しく理解できるでしょうか。

(3) **A** の文は「夫から何度も嘘をつかれたので、彼女は夫に対して腹を立てていた」という意味です。**B** の文は「彼女に何度も嘘をついた夫に対して彼女は～」という意味ですから、空欄には「怒っていた、恨んでいた」を意味する表現 en vouloir à qqn のなかの動詞 vouloir を直説法半過去 voulait にして記入すれば正解です。この表現をすぐに思い出せなかったためか、出題時には正解を書けた受験者は 1 割もいませんでした。

動詞 vouloir はよく知っているでしょうが、『ラルースやさしい仏仏辞典 Niveau 1』の項を熟読することはむだではないでしょう。この設問で使われている表現 en vouloir à qqn (de + inf., si + ind.) 以外にも、多様な用法

（vouloir de qqch など）が載っています。それぞれが身についているか確認してみましょう。設問の文で使われている plusieurs が quelques とどうちがうかもわかっているでしょうか。この点もこの機会に再確認することをおすすめします。

⑷ **A** の文は「彼は本当のことを言うのを恐れなかった」という意味です。**B** の文は「彼は本当のことを言う～」という意味ですから、空欄には「～する勇気がある、思い切って～する」を意味する動詞 oser を直説法複合過去にして a osé と記入すればよいとわかるでしょう。出題時の誤答としては a *voulu* が多くありましたが、それでは **B** の文は「彼は本当のことを言いたかった」という意味ですから、実際には言わなかったことになり、**A** の文の意味からずれてしまいます。

『ラルースやさしい仏仏辞典 Niveau 1』の oser の項を読み、そこにあげられている同義表現と反意表現が身についているか確認してみましょう。

⑸ **A** の文は「もし必要なら私の車を使ってもいいよ」という意味です。**B** の文は「もし役に立つなら私の車を～」という意味ですから、空欄には「使う」を意味する代名動詞 se servir を命令法２人称単数にして Sers-toi と記入すればよいとわかるでしょうか（この動詞は「～を使う」の意味では se servir de qqch という構文で使いますから ma voiture の前に前置詞の de があるわけです）。文頭の s を大文字にすることも忘れないようにしましょう。出題時には、正しい動詞を選びながら servir の活用につまづいて *Servis*-toi、*Sert*-toi、*Serve*-toi などと書いた受験者が少なくありませんでした。せっかく動詞の選択ができても活用ができなければ得点に結びつきませんから、日ごろから手を使って練習してください。

『ラルースやさしい仏仏辞典 Niveau 1』の servir の項には se servir (qqch) という用法と、se servir de qqch という用法が載っていますが、意味がどうちがうかわかりますか。例文（« Je me suis servi un verre d'eau, j'avais soif. » « Pour manger, on se sert d'un couteau et d'une fourchette. » など）を読みながら確認しておくとよいでしょう。もちろんその他の例文と解説も熟読する価値はあります。

解答 ⑴ empêchera　⑵ compte　⑶ voulait
⑷ a osé　⑸ Sers-toi

練習問題 3

次の(1)～(5)について、**A**、**B**がほぼ同じ意味になるように、(　　)内に入れるのにもっとも適切なものを、下の語群から1つずつ選び、必要な形にして解答欄に書いてください。ただし、同じものを複数回用いることはできません。(配点 10)

(1) **A** Ce serait inutile d'insister.
B Ça ne (　　　　) à rien d'insister.

(2) **A** Ils ont été embarrassés par vos questions.
B Vos questions les (　　　　).

(3) **A** Je vous assure que l'interprétation de cet acteur était merveilleuse à l'époque.
B Cet acteur (　　　　) merveilleusement bien à l'époque, c'est certain.

(4) **A** Nous ne comprenons pas pourquoi il a disparu.
B La raison de sa disparition nous (　　　　).

(5) **A** Ses parents ne seront pas d'accord pour ce mariage.
B Ses parents n'(　　　　) pas ce mariage.

approuver	échapper	gêner	ignorer
jouer	opposer	servir	supporter

(17春)

解説 設問の順に見ていきましょう。

⑴ **A** の文は「しつこく言っても無駄でしょうよ」という意味です。**B** の文は「しつこく言うことはなにも（　　）ない」となっています。選択肢に前置詞 à とともに用いて「役に立つ」を意味する servir がありますので、この動詞を用いることができます。**A** の文は条件法現在ですから、**B** の文でも条件法現在 servirait にします。出題時には直説法現在の *sert* や直説法単純未来の *servira* や直説法半過去 *servait* の誤答が多くありました。また *servrait* とした誤答も散見しました。正しい活用形を覚えるようにしましょう。「我慢する」の意味で理解したのか *supporterait* や *supportait* とした誤答も多く見られましたが、つづく前置詞が de になるはずです。

⑵ **A** の文は「あなたの質問に彼らは困惑させられた」という意味です。**B** の文は「あなたの質問は彼らを（　　）」となっています。選択肢に gêner「困らせる」がありますので、この動詞を用いることができます。**A** の文は直説法複合過去ですから、**B** の文でも直説法複合過去にすることが必要で、しかも直接目的語が人称代名詞になっていますから過去分詞は前に置かれた直接目的語と性数一致を起こします。一致を忘れて ont *gêné* とした誤答が出題時には多く見られました。過去分詞の一致の規則は確認しましょう。また、*géné* のようなつづりのまちがいも多くありました。ont *opposé(s)* とした誤答も多かったのですが、この語の意味は「～を対決させる」です。ont *échappé(s)* の誤答も数多くありましたが、前置詞 à と一緒に用いて「～を免れる」、あるいは「～に見逃される」の意味です。

『ラルースやさしい仏仏辞典 Niveau 1』の gêner の項には、他動詞としての用法以外に代名動詞の用法も載っています。例文（« Elle ne s'est pas gênée pour me dire ce qu'elle pensait de moi. » など）と解説をよく読んで、身についているかどうか確認するとよいでしょう。

⑶ **A** は「この俳優の演技が当時素晴らしかったことは請け合います」という意味です。**B** の文は「この俳優は当時素晴らしく（　　）もので、それは確かです」となります。選択肢にある jouer は「演技する」という意味で使えます。à l'époque「当時」という、出発点と終点が明示されない時間を示す表現がありますから直説法半過去 jouait にします。出題時の誤答の大半は直説法複合過去を用いた *a joué* でした。そのほかに *joueait* のようなつづり

のまちがいや *jouerait* のように条件法現在を直説法半過去と混同した誤答が見られました。

直説法半過去と複合過去の使い分けをこの機会に確認しておくとよいでしょう。「…から～まで」(de 1980 à 1989 など) というような時間表現 (「長い間」longtemps もそれにふくめます) と使う場合には複合過去になるということは身についているでしょうか。

(4) **A** の文は「私たちはなぜ彼が失そうしたのかわからない」という否定文です。**B** の文は「彼の失そうの理由が私たちには (　　)」となりますが、肯定文で **A** のような否定文と同じ意味にできる動詞は、選択肢のなかでは ignorer と échapper があります。しかし ignorer は「知らない」を意味するものの、そのことを知らない人自身が主語になります。一方で échapper は échapper à + qqn の構文で、主語となっている事柄などが「～に見逃される」や「～の理解からもれる、わからない」という意味の文を作ります。したがって動詞には échapper を選び、**A** に合わせて直説法現在 échappe にします。出題時には 4 分の 1 の受験者が *ignore* を選んでいました。*a échappé* と複合過去にした誤答も見られました。代名詞の nous が前に出ているために *a échappés* とした誤答もありましたが、この nous は間接目的語の nous ですから仮に直説法複合過去の文にしなくてはならない場合でも過去分詞に性数一致は起こらないことに注意しましょう。

(5) **A** の文は「彼 (女) の両親は、この結婚に賛成しないでしょう」という意味で、**B** の文は「彼 (女) の両親は、この結婚に (　　) ないでしょう」と訳せます。結婚に反対していることになりますが、**B** の文は否定文ですから opposer (「反対する」の意味では代名動詞で使いますし) を用いることができません。一方で「我慢する」を意味する supporter は子音から始まっていますから ne がエリジヨンになりません。したがって母音から始まっている approuver「同意する」を **A** の文に合わせて単純未来 approuveront にすればいいのです。出題時には誤答として *approuvront* や *approuvont* のようなつづりのまちがい、*approuvent* と直説法現在にする時制のまちがい、また *opposeront* や *supporteront* が多く見られました。

解答　(1) servirait　(2) ont gênés　(3) jouait
(4) échappe　(5) approuveront

練習問題 4

次の (1) ～ (5) について、**A**、**B** がほぼ同じ意味になるように、(　　) 内に入れるのにもっとも適切なものを、下の語群から 1 つずつ選び、必要な形にして解答欄に書いてください。ただし、同じものを複数回用いることはできません。(配点 10)

(1) **A** Je vous conseille d'abandonner cette habitude.
B Il vaut mieux que vous (　　　　) de cette habitude.

(2) **A** L'imprudence du conducteur est à l'origine de cet accident.
B Cet accident (　　　　) par l'imprudence du conducteur.

(3) **A** Lisez le texte sans vous presser.
B (　　　　) votre temps pour lire le texte.

(4) **A** Nous avons eu la visite de Frédéric Dupont hier.
B Nous (　　　　) Frédéric Dupont hier.

(5) **A** Si elle t'écrit, tu seras content.
B Une lettre d'elle te (　　　　).

prendre	profiter	recevoir	renoncer
satisfaire	se débarrasser	s'engager	s'expliquer

(17 秋)

解説 設問の順に見ていきましょう。

(1) **A** の文は「その習慣はやめるよう私はあなたにすすめます」という意味です。**B** の文は「あなたはその習慣を～したほうがよい」という意味ですから、空欄には、前置詞 de をともなって「すてる、やめる」を意味する代名動詞 se débarrasser を接続法現在 vous débarrassiez にして入れればよいとわかるでしょう。出題時には、正しい動詞を選びながら接続法の活用ができなかった答案が散見したほか、正しい動詞を選べなかった受験者もいました。*renoncer* も同じ意味になりますが、前置詞 à とともに使われますからこの設問の空欄には入りません。

『ラルースやさしい仏仏辞典 Niveau 1』の débarrasser の項には、他動詞として使う場合と代名動詞としての用法とが載っています。例文（« Si tu débarrassais le tiroir de tous ces papiers, tu aurais plus de place pour ranger les crayons ! » « Pierre fume trop, il faudrait qu'il se débarrasse de cette mauvaise habitude. » など）をよく読んで使い方が身についているか確認するとよいでしょう。

(2) **A** の文は「運転手の無謀さがその事故の原因です」という意味です。**B** の文は「その事故は運転手の無謀さによって～」という意味ですから、空欄には「説明される」を意味する代名動詞 s'expliquer を直説法現在 s'explique にして入れればよいとわかるでしょう。出題時には、正しい動詞を選びながら *s'est expliqué* などと書き、時制をまちがえた受験者がいましたし、*s'engager* などを選んでしまった受験者もいました。

『ラルースやさしい仏仏辞典 Niveau 1』の expliquer の項には、他動詞の用法以外に 2 種類の代名動詞の用法が例文とともに解説されています。それぞれの例文（« Ah ! Si vous vous êtes disputés, sa mauvaise humeur s'explique ! » « Jacques est furieux contre toi, tu ferais bien d'aller t'expliquer avec lui ! » など）をよく読み、用法のちがいが身についているか検討してみてください。

(3) **A** の文は「急がずにテキストを読んでください」という意味です。**B** の文は「テキストを読むのに時間を～」という意味ですから、「時間をかける」を意味する動詞句 prendre son temps を使えばよい、したがって空欄には「(時間を) かける」を意味する prendre を命令法 Prenez にして入れればよいとわかるでしょう。出題時には正しい動詞を選びながら *Prennez*、*Prendez*、*Prendrez* などと活用をまちがえた答案、正しい動詞を選べずに *Profitez* などと書いた答案が散見しました。

『ラルースやさしい仏仏辞典 Niveau 1』の temps の項は長いですが、熟読の価値はあります。そこに載っている多様な表現と例文（« Ne me fais pas perdre mon temps avec des choses sans importance. » « Tu arrives juste, il était temps, un peu plus et nous partions sans toi ! » « Comme ça a changé ici ! Dans le temps c'était la campagne, maintenant il y a des immeubles partout ! » など）をよく読み、それぞれの使い方が理解できて自分で使えるか、たしかめることをおすすめします。

(4) **A** の文は「私たちはきのう Frédéric Dupont の訪問を受けました」という意味です。**B** の文は「私たちはきのう Frédéric Dupont を～」という意味ですから、空欄には「迎える、もてなす」を意味する recevoir を直説法複合過去 avons　reçu にして入れればよいとわかるでしょう。出題時には正しい動詞を選びながら avons *recevu* などとつづりをまちがえたり、ほかの動詞を選んで avons *profité* などと書いたりした受験者がいました。

『ラルースやさしい仏仏辞典 Niveau 1』の recevoir の項でさまざまな例文（« Le directeur nous a reçus dans son bureau. » « J'ai été reçu dans les derniers ! » など）を読んで用法を確認するだけでなく、この動詞の活用が正しく書けるかどうか手を使って書いて再確認するとよいでしょう。

(5) **A** の文は「彼女が君に手紙を書けば、君はうれしいだろう」という意味です。**B** の文は「彼女の手紙は君を～」という意味ですから、空欄には「満足させる、喜ばせる」を意味する satisfaire を直説法単純未来 satisfera にして入れればよいとわかるでしょう。出題時には、せっかく正しい動詞を選びながら、直説法現在の *satisfait* を書いた受験者がいましたが、それでは文意が同じにはなりません。活用がきちんと書けなかった答案（*satisfaira* など）もめだちました。動詞の活用の練習は日ごろから手で書いてすべきでしょう。

解答　(1) vous débarrassiez　(2) s'explique　(3) Prenez
(4) avons reçu　(5) satisfera

練習問題 5

次の(1)～(5)について、A、B がほぼ同じ意味になるように、(　　　)内に入れるのにもっとも適切なものを、下の語群から 1 つずつ選び、必要な形にして解答欄に書いてください。ただし、同じものを複数回用いることはできません。(配点 10)

(1) **A** Ah ! vous connaissez tout ! c'est étonnant.
B Je m'étonne que vous (　　　　　) si bien au courant de tout.

(2) **A** Cette affaire n'avait rien à voir avec mon fils.
B Cette affaire ne (　　　　　) pas mon fils.

(3) **A** La décision de la mairie ne répondra pas aux attentes des habitants du quartier.
B La décision de la mairie (　　　　　) les habitants du quartier.

(4) **A** Ma fille veut qu'on la laisse tranquille quand elle travaille.
B Ma fille préfère travailler sans (　　　　　).

(5) **A** Si on avait trouvé une solution à ce problème, cela aurait amélioré la situation.
B Si le problème avait été résolu, tout (　　　　　).

calmer	décevoir	déranger	mettre
regarder	s'arranger	se rendre	se tenir

(18 春)

解説 設問の順に見ていきましょう。

(1) **A** の文は「ああ！　あなたはなんでも知ってるんですね、驚きです」という意味です。**B** の文は「あなたがなんの事情にもこれほどよく（　　）ことに私は驚いてしまいます」となっています。connaître の同義語として être au courant de qqch「～の事情に通じている」という成句があることはご存じでしょう。ところが選択肢には être がありません。この成句とともに用いられる動詞としては、ほかに mettre と tenir があり、mettre / tenir qqn au courant de qqch「～（人）に…のことを知らせる」という形にするか、あるいは代名動詞にして se mettre / se tenir au courant de qqch「～の事情に通じる」の形にします。したがって、選択肢のなかからは se tenir を選ぶことができます。**A** の文は直説法現在ですが、**B** の空欄は Je m'étonne につづく従属節のなかにありますので、動詞は接続法現在 vous teniez に活用しなければなりません。出題時の誤答としては、se tenir を正しく選んだものの、直説法現在の vous *tenez* にしたものが多くありました。ほかに *mettez*、*mettiez* とした誤答も多かったのですが、代名動詞でないと **A** の文と同じ意味にはなりません。

『ラルースやさしい仏仏辞典 Niveau 1』には au courant (de) の項目があります。この成句の用法の説明があり、例文も豊富に載っていますので、熟読をおすすめします。

(2) **A** の文は「その件は私の息子とはなんの関係もなかった」という意味です。**B** の文は「その件は私の息子には（　　）なかった」となっています。選択肢にある regarder は、「～（人）に関係する、かかわる」という意味で使うことができます。『ラルースやさしい仏仏辞典 Niveau 1』の regarder の項には、« Toutes ces histoires ne me regardent pas. » という例文が載っています。**A** の文は直説法半過去ですから、**B** の文でも半過去 regardait にすることが必要です。ところが、出題時には現在形の *regarde* にした誤答が多く見られました。ほかに *se rendait*、*se tenait* とした誤答も少なくありませんでした。

(3) **A** は「市役所（あるいは区役所、町役場、村役場）の決定はその地区の住民の期待には応えられないだろう」という意味の否定文です。**B** の文は「市役所の決定はその地区の住民を（　　）だろう」となりますが、肯定文

で **A** の文と同じ意味にできる動詞は、décevoir「失望させる」だけです。文法的には calmer「落ちつかせる」、déranger「邪魔をする」、regarder「かかわる」も不可能ではありませんが、意味のうえで **A** の文とかけ離れてしまいます。**A** に合わせて動詞を直説法単純未来 décevra にしますが、*déceverra*、*décevoira*、*décevera* などと、つづりをまちがえた誤答が出題時には多く見られました。動詞の活用は手で書いてよく覚えておきましょう。

(4) **A** の文は「私の娘は、勉強するときには放っておいてもらいたがる」という意味です。**B** の文は「私の娘は、（　　）されずに勉強したがる」となっています。選択肢のなかから déranger「邪魔をする」を選び、これを受動態 être dérangée にして sans につづければ、「邪魔されずに」という意味の表現をつくることができ、**A** の文とほぼ同じ意味にすることができます。この際よく注意すべきなのは、sans には不定詞 être がつづくのであっても、過去分詞には主語との性数一致が起こるということです。主語は女性名詞の単数形ですので、過去分詞も女性単数形にします。出題時の誤答としては、受動態にせずに *déranger* のままにしたものが大半を占めました。ほかに、性数一致を忘れた être *dérangé*、不定詞の être を抜かした *dérangé*、*dérangée* などの誤答も散見しました。

(5) **A** の文は「もしこの問題に解決策がみつかっていたら、状況は改善していただろう」という意味で、**B** の文は「もし問題が解決していたら、すべてが（　　）いただろう」と訳せます。**B** の空欄のあとには目的語がありませんから、自動詞か代名動詞が入りそうです。選択肢の代名動詞のうち、意味のうえからは s'arranger がふさわしいでしょう。実際に『ラルースやさしい仏仏辞典 Niveau 1』の améliorér の項を見ると、(s') améliorér と (s') arranger がほぼ同義として扱われています。Tout s'arrange で、「すべてがうまくいく」という意味になります。そして **A** の文に合わせ、これを条件法過去 se serait arrangé にします。出題時の誤答としては、*s'arrangerait* のように条件法現在にしたものがめだちましたが、ほかにも大過去の *s'était arrangé*、複合過去の *s'est arrangé* などのように時制や叙法でミスをおかしたものや、*aurait calmé*、*calemerait* など、意味上そぐわないものが見うけられました。

解答　(1) vous teniez　(2) regardait　(3) décevra
(4) être dérangée　(5) se serait arrangé

練習問題 6

次の(1)～(5)について、A、Bがほぼ同じ意味になるように、(　　)内に入れるのにもっとも適切なものを、下の語群から1つずつ選び、必要な形にして解答欄に書いてください。ただし、同じものを複数回用いることはできません。(配点 10)

(1) **A** Cette voiture se vendra peut-être bien dans la région.
B Il est possible que cette voiture (　　　) un grand succès dans la région.

(2) **A** Je voulais aller dans ce restaurant.
B Ce restaurant me (　　　).

(3) **A** Le toit ne résisterait pas à un vent plus fort.
B Si le vent était plus fort, le toit ne (　　　) pas.

(4) **A** On ne l'a pas distingué de son frère.
B Il (　　　) avec son frère.

(5) **A** Sur ce point, je ne suis pas d'accord avec vous.
B Je ne (　　　) pas votre avis sur ce point.

commencer	confondre	connaître	donner
marquer	partager	tenir	tenter

(18 秋)

解説 設問の順に見ていきましょう。

(**1**) **A** の文は「その車はこの地域でよく売れるかもしれない」という意味です。**B** の文は「その車はこの地域でヒット〜かもしれない」という意味ですから、空欄には、名詞 succès とともに使うと「(商品などが) ヒットする、当たる」を意味する他動詞 connaître を接続法現在 connaisse にして入れればよいとわかるでしょう。出題時には正しい動詞を選びながら接続法の活用ができなかった答案が散見したほか、正しい動詞を選べずに *donne*、*donnera*、*marque*、*marquera* などと書いてしまった受験者もいました。

(**2**) **A** の文は「私はあのレストランに行きたかった」という意味です。**B** の文は「あのレストランは私の〜」という意味ですから、空欄には「〜の気をそそる、〜の心をひく」を意味する他動詞 tenter を直説法半過去 tentait にして入れればよいとわかるでしょう。出題時には正しい動詞を選びながら時制をまちがえて *tente* などと書いた受験者がいましたし、ほかの動詞 *marquer* などを選んでしまった受験者もいました。

『ラルースやさしい仏仏辞典 Niveau 1』の tenter の項には、主語が「人」の場合と「もの」の場合で用法が区別され、さまざまな例文（« Tentez votre chance, achetez un billet ! » « Ce voyage ne me tente pas beaucoup. » など）が載っています。派生語もおろそかにせずに熟読してみましょう。

(**3**) **A** の文は「もっと強い風だったら、この屋根はもちこたえないだろう」という意味です。**B** の文は「もし風がもっと強ければ、この屋根は〜ないだろう」という意味ですから、「もちこたえる」を意味する自動詞 tenir を条件法現在 tiendrait にして入れればよいとわかるでしょう。出題時には、正しい動詞を選びながら活用をまちがえた答案や、*confondre*、*tenter*、*partager* などほかの動詞を選んだ答案が散見しました。

『ラルースやさしい仏仏辞典 Niveau 1』の tenir の項は長いですが、熟読の価値はあります。例文と解説をよく読んでください。

(**4**) **A** の文は「彼は兄（または弟）と区別されなかった」という意味です。**B** の文は「彼は兄（または弟）と〜」という意味ですから、空欄には「混同する、とりちがえる」を意味する confondre を受動態にしたうえで直説法複合過去 a été confondu にして入れればよいとわかるでしょう。出題時には、受動態にするのが苦手な受験者が多く、正しい動詞を選びながら能動態 a *confondu* にした答案が多数ありました。ほかには、時制を現在形にしたり、過去分詞のつづりをまちがえたり、あるいはほかの動詞を選んで能動態にして a *partagé* などと書いたりした受験者がいました。

『ラルースやさしい仏仏辞典 Niveau 1』の confondre の項でさまざまな例文（« Oh ! excusez-moi, monsieur, je vous ai confondu avec quelqu'un d'autre. » など）を読んで用法を確認するだけでなく、この動詞の活用が正しく書けるかどうか手を使って書いて再確認するとよいでしょう。

(5) **A** の文は「この点に関して、私はあなたの意見には賛成しません」という意味です。**B** の文は「この点に関して、私はあなたの意見を～しません」という意味ですから、空欄には「～をともにする、共有する」を意味する partager を直説法現在 partage にして入れればよいと、すぐにわかるでしょう。出題時には *tiens*、*confonds* などの誤答がありました。

『ラルースやさしい仏仏辞典 Niveau 1』の partager の項でさまざまな例文（« Tu le crois coupable ? Je suis très partagé, j'hésite. » など）を読んで用法を確認し、自分でもそれらの文が書けるかどうか確認してみることをおすすめします。

解答　(1) connaisse　(2) tentait　(3) tiendrait
(4) a été confondu　(5) partage

4

いわゆる長文問題です。ある長さの文章に5つの空欄が設けられています。そのそれぞれに3つの選択肢があたえられていますので、適切なものを選んで解答用紙の該当箇所の正しい番号を塗りつぶします。配点10。

それぞれ3つの選択肢は文法的には該当箇所に入りうるように作られています。それを前後の文脈を考慮しつつ、文章の内容に一貫した整合性をあたえる語句あるいは文を選ぶわけです。選択肢で使われている語句を注意深く理解して、文脈に合うかどうかを検討してください。

文章の大意、論理展開を把握することが大切です。日本語に訳すわけではないのですから、知らない語句があってもあまりこだわらずに、話の流れに注意を集中しましょう。選択肢があたえられているので、比較的得点率の高い問題です。14-18年度の平均は66%でした。

ただし以下にあげた練習問題の**解説**では、使われている表現に関しても、自分で使いこなせるようになってもらいたいものは補足説明をくわえてあります。問題を解くだけでなく、ここでふれたフランス語の表現をなるべく多く身につけるようにしてください。

練習問題 1

次の文章を読み、(1) ~ (5) に入れるのにもっとも適切なものを、それぞれ右のページの①～③のなかから 1 つずつ選び、解答欄のその番号にマークしてください。（配点 10）

Vous ne le savez peut-être pas, mais du début juillet à la fin août, une trentaine de fuites d'eau ont été signalées à Rouen. Ces incidents sont presque toujours la conséquence d'un manque d'attention et laissent à vos voisins (1) un souvenir inoubliable de vos vacances.

Les causes de ces événements fâcheux sont en général à chercher dans la précipitation des (2) vacances. « La plupart du temps, les fuites se produisent chez les gens qui partent rapidement et qui (3). Certaines personnes ne vérifient rien avant de quitter leur appartement. Parfois des gens pressés oublient même de tourner le bouton de gaz de la cuisinière », observe un pompier.

Petits oublis, mais parfois grosses conséquences. Pour ne pas rendre la situation trop grave, les pompiers essaient (4) lorsqu'ils arrivent avec l'aspirateur à eau. « Au lieu de casser la porte, a déclaré le pompier, on passe d'habitude par le balcon pour entrer par une fenêtre. Et nous utilisons une échelle seulement quand nous n'avons pas d'autres solutions. »

Même avec des pompiers attentifs, une petite fuite d'eau peut détruire le plaisir de vos vacances. Alors, si vous (5) quelque chose, faites une liste de tous les points sensibles de l'appartement. Et prenez le temps de la lire et de tout vérifier avant de refermer la porte.

(1) ① d'à côté
② du dessous
③ du dessus

(2) ① départs en
② pompiers en
③ retours de

(3) ① emportent tout avec eux
② laissent tout en désordre
③ prennent soin de tout regarder

(4) ① d'enfoncer la porte
② de se faire les plus discrets possibles
③ d'éviter l'incendie

(5) ① avez peur d'oublier
② ne craignez pas d'oublier
③ tenez absolument à oublier

(16 秋)

解説、文章の内容を確認しながら各設問のポイントを見ていきましょう。

(1) 第1段落ではまず、Rouen で7月初旬から8月末にかけて約30件の漏水事故が起きたこと、それがたいていは不注意の結果であると言われています。それにつづく節に空欄があり、「そういった事故のせいで、（　1　）の住人たちにとってみなさんのバカンスは忘れられない思い出になってしまう」と述べられています。バカンスに出かけた人が不注意から起こす水漏れが話題になっていることが読み取れれば、迷惑をこうむるのは下の住人ですから正解が②「階下の」であり、①「隣の」でも③「上の階の」でもないことはすぐにわかるはずです。

本文中で使われている voisin は名詞として使われた場合に「隣人」という日本語に対応すると覚えているかもしれませんが、共同住宅のなかで「階下の住人」は voisin du dessous といい、「上の階の住人」は voisin du dessus ということも知っているでしょうか。『ラルースやさしい仏仏辞典 Niveau 1』の dessous と dessus の項をひき、例文と解説を熟読するとよいでしょう。

(2) 第2段落の最初の文では「こういった困った出来事の原因はたいていの場合、バカンス（　2　）のあわてぶりにさがすべきだ」と述べられています。選択肢は①「（バカンス）への出発」、②「（バカンス）中の消防士」、③「（バカンス）からの帰宅」という意味ですが、どれが適切かを判断するには直後の消防士のせりふで「だいたいの場合、急いで出かける人の家で水漏れが起こる」と言われていることに注目するとよいでしょう。そうすれば①が正解であるとわかるはずです。

(3) 第3の空欄は、第2段落の消防士のせりふのなかにあります。これもつづく箇所を読み、「マンションから出かける前になにも確認しない人たちがいるし、レンジのガス栓を閉め忘れるようなせっかちな人たちもときにはいる」と言われていることをふまえると、水漏れを引き起こす人たちが②「ごちゃごちゃの状態にしたまま」出かけてしまうような人たちであるとわかるでしょう。①「すべてをもっていく」、③「すべてを注意して見る」では文脈に合いません。

(4) 第3段落では水漏れが起きた場合に消防士がどう対処するかが述べられています。第4の空欄をふくむ文では「事態をあまり悪化させないために、消防士は（　4　）ように努力する」とありますから、その文につづく消防士のせりふに注目すれば、①「ドアを打ち破る」でも③「火事を避ける」でもなく、②「できる限りめだたないようなやり方をする」が文脈にふさわしいことがわかるでしょう。

(5) 第4段落では、水漏れを留守中に起こさないための忠告が述べられています。第5の空欄をふくむ文は「もしみなさんが何かを（ 5 ）ならば、マンションで注意すべき箇所全部の一覧表を作りなさい」といった意味ですから、①「忘れるのが心配である」、②「忘れるのを恐れない」、③「ぜひとも忘れたい」のなかで最適なのは①であるとわかるでしょう。

選択肢③では tenir à + inf. が使われていますが、これが「どうしても～したいと思う」の意味であることは身についているでしょうか。この機会に『ラルースやさしい仏仏辞典 Niveau 1』の tenir の項を熟読するとよいでしょう。長い項目ですが、tenir (bon) ; se tenir bien など多様な表現が例文（« Ils ont tenu trois jours sans manger. » « Tiens-toi bien, ne mets pas tes coudes sur la table ! » など）とともに解説されています。

解答 (1) ② (2) ① (3) ② (4) ② (5) ①

練習問題 2

次の文章を読み、（ 1 ）～（ 5 ）に入れるのにもっとも適切なものを、それぞれ右のページの①～③のなかから１つずつ選び、解答欄のその番号にマークしてください。（配点 10）

Un homme, Jean-Marc Dumas, 55 ans, a été reconnu coupable, mardi, par le tribunal de Montpellier, « d'avoir attrapé, possédé et tué deux Diane ». Très à la mode au début du 20e siècle, la Diane est devenue le papillon le (　1　) en France, et c'est une espèce protégée. « (　2　), il n'y a jamais eu d'accusations pour meurtre de papillons dans le passé », a déclaré le procureur*, Christophe Bernard. Jean-Marc risque la prison. La peine sera annoncée le 30 novembre.

Jean-Marc a (　3　) quand il était en train d'attraper des papillons dans des lieux protégés de l'Hérault. La police a retrouvé dans sa maison un grand nombre de papillons morts, dont deux Diane. Elle (　4　) la trace du collectionneur dans une boutique sur Internet où il mettait ces papillons en vente. Il a affirmé qu'il les avait achetés à des éleveurs européens.

La Diane est un papillon protégé par la loi en Europe et en particulier dans toute la France par l'arrêté** du 23 avril 2007. (　5　) s'étend aussi aux milieux où vit cet insecte. Pourtant, d'après *La Société des Papillons en danger*, il existe un marché noir de la Diane.

*procureur：検察官
**arrêté：法令

(1) ① moins populaire
② plus banal
③ plus rare

(2) ① Ça arrive souvent
② Ce n'est pas la peine
③ C'est un cas unique

(3) ① défendu son point de vue
② été arrêté
③ tout ignoré

(4) ① a perdu
② aurait effacé
③ avait trouvé

(5) ① La protection
② Le projet
③ L'espace

(17 秋)

解説 文章の内容を確認しながら各設問のポイントを見ていきましょう。

なお、冒頭で deux Diane となっており、Diane に複数形の s がついていませんが、これは誤植ではありません。動物の種を示す固有名詞の場合、複数形になるかどうかは慣用にゆれがあり、不変の場合が多く見られます。

(1) 第 1 段落ではまず、Montpellier の裁判所で Jean-Marc Dumas という 55 歳の人物が「2 匹の Diane という蝶をつかまえ、所有し、殺した」件で有罪とされたことが言われています。それにつづく文に空欄があり、「その Diane は 20 世紀初頭におおいに流行したが、フランスで（　1　）な蝶となり、保護される種となった」と述べられています。保護の対象になるほどの蝶であると理解できれば、正解は③「もっとも希少な」であり、①「もっとも人気がない」でも②「もっとも平凡な」でもないことはわかるでしょう。

空欄の前にある定冠詞と合わせて、それぞれの選択肢が最上級になっている（le moins populaire ; le plus banal ; le plus rare）ことはきちんと理解できているでしょうか。比較級と最上級の用法がしっかり頭に入っていない場合には参考書などで再確認しておくとよいでしょう。

(2) つづく文は検察官 Christophe Bernard の発言で、その最初に第 2 の空欄があります。「（　2　）、過去において蝶を殺したかどで起訴された例はまったくありませんでした」と彼は述べています。選択肢は①「それはよく起こります」、②「それはむだです」、③「それは特異なケースです」という意味ですから、検察官の発言の趣旨に合うのは③です。

この選択肢③で使われている形容詞 unique について、『ラルースやさしい仏仏辞典 Niveau 1』の項をひいてみることをおすすめします。熟知していると思っている単語であっても、多様な用法がかならずしもきちんと身についているとはかぎりません。例文（« Tu peux doubler sans danger, puisque cette rue est en sens unique ! » など）を熟読してください。

(3) どのような刑に Jean-Marc が処せられるかは 11 月 30 日にわかるという説明のあと、第 2 段落冒頭に空欄をふくむ文があります。「Hérault 県の保護地帯で蝶をつかまえているときに Jean-Marc は（　3　）」という文です。選択肢は①「彼の意見を擁護した」、②「逮捕された」、③「すべてを知らなかった」という意味ですから、文脈に合うのは②だと考えることはむずかしくないでしょう。

この設問で使われている動詞 arrêter のさまざまな意味を確認するには『ラルースやさしい仏仏辞典 Niveau1』の項を熟読するとよいでしょう。例文 « On m'a arrêté dans la rue pour me demander l'heure. » と « La police n'a pas encore réussi à arrêter les voleurs. » とのちがいはわかっているでしょうか。

(4) Jean-Marc の自宅で多数の蝶の死骸が警察によって発見され、そのなかに 2 匹の Diane がいたという説明につづく文に第 4 の空欄をふくむ文があります。「警察は、インターネット・ショップのなかにこのコレクターの痕跡を（　4　）、そこで彼がそれらの蝶を売りに出していたのである」という文です。選択肢は①「失った」、②「消したのだろう」、③「みつけていた」という意味ですから、自宅での蝶の実物の発見とおなじく痕跡が警察によって発見されていたという趣旨がもっともふさわしいことはわかるでしょう。

選択肢のそれぞれで使われている動詞の時制がきちんと理解できているでしょうか。あやふやな場合には参考書などで再確認しておきましょう。

(5) Jean-Marc はそれらの蝶をヨーロッパの業者から購入したと主張していると述べられたあと、第 3 段落では Diane がヨーロッパの法律と、とくにフランス全土で 2007 年 4 月 23 日の条例で保護されていると説明されています。それにつづく文に空欄があり、「（　5　）はこの蝶が生息している土地にもおよんでいる」と述べられています。Diane の保護が話題になっているわけですから正解は①「保護」であり、②「計画」でも③「空間」でもないと判断するのはさほどむずかしくはないでしょう。

本文中で第 5 の空欄直後に使われている動詞 s'étendre の使い方を『ラルースやさしい仏仏辞典 Niveau 1』の étendre の項で確認するとよいでしょう。同じ代名動詞であっても、例文 « Va t'étendre un peu sur mon lit, si tu es fatigué. » と « C'est à qui, cette grande maison avec un grand jardin qui s'étend jusqu'à la rivière ? » との相違はきちんと説明できますか。つづりが似ている動詞 éteindre も同じページにありますから、合わせて読んだり活用の再確認をしたりしてみましょう。

解答　(1) ③　(2) ③　(3) ②　(4) ③　(5) ①

練習問題 3

次の文章を読み、（　1　）～（　5　）に入れるのにもっとも適切なものを、それぞれ右のページの①～③のなかから 1 つずつ選び、解答欄のその番号にマークしてください。（配点 10）

Pour la majorité des gens, porter des gants en cuisine est le meilleur moyen d'éviter la contamination* de la nourriture. Cependant, il est prouvé que les gants peuvent au contraire faire passer (　　1　　) des agents infectieux**. « Souvent, les personnes qui portent des gants touchent toutes sortes de choses qui n'ont pas de relations avec la nourriture. Techniquement, elles devraient (　　2　　) et même se laver les mains à chaque fois », remarque un spécialiste.

Malheureusement, l'usage démontre que les gants peuvent créer (　　3　　) : les personnes portant des gants ne se laveraient les mains que 27 % du temps recommandé. D'après une étude, les sandwichs préparés à mains nues sont moins contaminés*** (4,4 % seulement) que ceux préparés avec des gants (9,6 %). Les cuisiniers, (　　4　　) la sensation d'avoir les mains sales, touchent en effet des surfaces contaminées sans s'en rendre compte.

Bref, un bon lavage de mains est (　　5　　) pour protéger la nourriture de toute forme de contamination. Il faut toujours être propre même si on travaille couvert.

*contamination：感染
**agent infectieux：感染物質
***contaminer：感染させる

(1) ① moins fréquemment
② plus facilement
③ plus lentement

(2) ① avoir les mains couvertes
② changer de gants
③ renoncer à cuisiner

(3) ① une certitude d'inefficacité
② une sensation de saleté
③ un sentiment de sécurité trompeur

(4) ① comme ils ont
② n'ayant plus
③ pour éviter

(5) ① insuffisant
② la seule méthode efficace
③ une solution peu recommandée

(18 春)

解説 文章の内容を確認しながら各設問のポイントを見ていきましょう。

(1) まず第1文で、調理のときに手袋をすることが食品衛生上もっとも有効であると多くの人が考えている、という趣旨のことが述べられます。空欄1をふくむ第2文は、逆接を示す副詞 Cependant「しかしながら」で始まり、文中でも au contraire「反対に」と言われていますので、第1文の反証になる事実を提示していることがわかるでしょう。空欄1の前後は、「感染物質を（　1　）うつす」と訳すことができますが、これは第1文の la contamination de la nourriture「食品の感染」の言いかえだと考えられます。選択肢の①「より少ない頻度で」、③「もっとゆっくり」を入れても第1文の反証にはなりませんから、意味をなしません。正解は②「もっと容易に」です。

(2) 第1段落の後半は、第2文を補足する専門家の談話です。まず、「手袋をする人は、食べ物と関係のないいろいろなものにさわることがよくあります」と述べられます。つづいて空欄2をふくむ文がありますが、主語人称代名詞 elles が、前の文の les personnes qui portent des gants をうけていることを確認しておきましょう。したがって、空欄2の前後は、「手袋をする人たちは（　2　）べきであり、またそのつど手を洗うべきでしょう」という意味になります。選択肢の①「手を覆っておく」、③「調理をあきらめる」はいずれも意味をなしません。②「手袋をとりかえる」が正解です。

筆記試験 1 の **練習問題3** (2)の解説（22ページ）で述べたとおり、changer には多様な用法があります。『ラルースやさしい仏仏辞典 Niveau 1』の項を熟読するとよいでしょう。

(3) 第2段落の冒頭に空欄3をふくむ文がありますが、ここで注意を要するのは deux-points でしょう。一般に deux-points は引用、説明、例示などをみちびく句読記号ですが、ここでは「実際に」くらいの意味で使われています。deux-points のあとでは、手袋をする人たちは「推奨時間の27%の時間しか」、すなわちぞんざいにしか手を洗わないようだ、と述べられていますから、空欄3にはこの説明と矛盾をきたさないような語句を入れる必要があります。選択肢の①を入れると、「(手袋は) 効果がないという確信（を抱かせることがある)」となって意味をなしませんし、②では「(手袋は) 汚れているという感覚（を抱かせることがある)」となって文脈には合いません。③は「(手袋は) まちがった安心感 (を抱かせることがある)」ですから、これが正解です。

選択肢で使われている sensation と sentiment のちがいはわかっているでしょうか。『ラルースやさしい仏仏辞典 Niveau 1』のそれぞれの項目を読んで確認してみましょう。

(4) つづく文では、素手でサンドイッチを作るほうが手袋をして作るよりも衛生的である、と述べられます。空欄 4 をふくむ第 2 段落最後の文がつづきますが、ここでは en effet「実際に」とあるように、前の文で述べられたことの理由が説明されます。料理人たちは気づかないうちに感染した表面にさわってしまう、というわけですが、空欄 4 にはこの説明と矛盾をきたさない語句が入るはずです。選択肢の①は「(手が汚れているという感覚を) 抱くので」となって文脈に合いませんし、③の「(手が汚れているという感覚を) 避けるために」も不合理です。正解は②「(手が汚れているという感覚が) もはやなくなっているので」です。

選択肢で使われている現在分詞の用法に不安がある場合には、文法書などで再確認することをおすすめします。

(5) 最終段落の冒頭に空欄 5 をふくむ文があります。Bref「要するに」で始まりますので、ここでは、これまで述べられてきたことのまとめが記されていると考えるべきでしょう。「食品をどんな感染からも守るためには、よく手を洗うことが (5) なのである」。空欄 5 にどんな語句を入れれば、これまでのまとめとして適切でしょうか。選択肢の①「不十分」、③「望ましくない解決策」は、いずれも文脈と矛盾します。正解は②「唯一の効果的な方法」です。手袋をして調理する場合も、つねにきれいにしていなければならないのだ、と述べるしめくくりの文からも、正解が確認できます。

解答 (1) ② (2) ② (3) ③ (4) ② (5) ②

練習問題 4

次の文章を読み、（　1　）～（　5　）に入れるのにもっとも適切なものを、それぞれ右のページの①～③のなかから１つずつ選び、解答欄のその番号にマークしてください。（配点 10）

Dans un fauteuil, la petite Jadée sourit à côté de son lion. Ahmed, six ans, court après son tigre dans la cour. Depuis quelques années, à Dubaï, (　　1　　) d'offrir aux enfants un bébé félin* pour leur anniversaire. Avoir un animal sauvage chez soi est là-bas un signe de richesse. Plus l'animal est (　　2　　), plus la fortune de son propriétaire est supposée grande. Dans la grande majorité, les animaux viennent d'Afrique du Sud et sont achetés sur Internet. Certains animaux restent toujours enfermés dans les maisons, mais il est très fréquent, aussi, de voir un gros félin voyager (　　3　　).

Les tigres, lions et autres félins sont la plupart du temps achetés jeunes et lorsqu'ils grandissent, leurs propriétaires n'arrivent plus à les contrôler. Au bout de quelques années, beaucoup d'entre eux sont abandonnés ou repris par des zoos. Pourquoi ne pas les rendre (　　4　　), alors ? « Il est en fait très difficile, pour des animaux sauvages élevés par les hommes, de retrouver leur liberté », explique un spécialiste. « Comme ils ne savent pas chasser ni se défendre, ils sont incapables de (　　5　　). »

*félin : ネコ科の動物

(1) ① c’est bien curieux
② il est très courant
③ il n’est pas recommandé

(2) ① facile à entraîner
② gros et dangereux
③ prêt à servir

(3) ① à l’arrière d’une voiture
② dans l’escalier
③ en vitrine

(4) ① à leur milieu naturel
② à leurs propriétaires
③ au magasin

(5) ① quitter le monde sauvage
② se débrouiller dans la nature
③ s’habituer à la présence des hommes

(18 秋)

解説 文章の内容を確認しながら各設問のポイントを見ていきましょう。

(1) 第1段落ではまず、幼い子どもがペットのライオンやトラの横にすわっていたり、追いかけて走ったりしている場面が描かれたあとの文に空欄があり、「数年前からドバイでは誕生日にネコ科の幼い動物を子どもにプレゼントするのが（　1　）」と述べられています。選択肢は①「ふしぎである」、②「ありふれたことである」、③「強く求められていない」という意味ですから、冒頭の内容から考えても、空欄をふくむ文につづく文で「野生動物を家に飼うことはあの土地では裕福さのしるしなのである」と述べられていることからも、正解は②であるとわかるでしょう。

『ラルースやさしい仏仏辞典 Niveau 1』の courant の項は3つあり、この設問で使われているのと同じ用法は第1の項に、例文（« Quand on habite Bayonne, il est courant d'aller faire ses courses en Espagne. » など）とともに載っています。第2、第3の項は air と au courant を見よと指示されていますから、それぞれの項目を読んで使い方が身についているか確認してみましょう。

(2) つづく文に第2の空欄があります。「動物が（　2　）であればあるほど、その飼い主の財産が莫大であると見なされる」という内容の文です。選択肢は①「訓練しやすい」、②「大きくて危険な」、③「役に立つ状態にある」という意味ですから、前後の文脈に合うのは②であるとすぐにわかるでしょう。

(3) これらのペットにされる動物の大半が南アフリカから来ていて、購入はインターネットでされるという説明のあと、第3の空欄をふくむ文があります。「なかには室内にいつも閉じ込められている動物もいるが、大きなネコ科動物が（　3　）移動するのもよく見られる」という文です。選択肢は①「車の後部座席で」、②「階段で」、③「ショーウィンドーで」という意味ですから、文脈に合うのは①だと考えることはむずかしくないはずですが、出題時には③を選んだ受験生が4割もいました。

この設問で使われている arrière のさまざまな意味を確認するには『ラルースやさしい仏仏辞典 Niveau 1』の項を熟読するとよいでしょう。例文（« Si tu n'as pas compris, je vais revenir un peu en arrière. » « Les pneus arrière de ma voiture sont usés ; il faut que je les change. » など）がきちんと理解できて、自分でもそのような文を使えるか、確認してみましょう。

(4) 第2段落ではまず、トラやライオンなどのネコ科動物がたいていは幼いときに購入されるが、成長すると飼い主の手に負えなくなってしまい、数年たつと、それらの動物の多くは捨てられるか動物園に引き取られると述べられています。それにつづく文に空欄があります。「それなら、なぜ動物たちを（ 4 ）返してやらないのか」という文です。空欄をふくむ文につづく箇所には、ある専門家の発言が引用され、人間に育てられた野生動物が自由をとりもどすのがむずかしいと語っていますから、前後の文脈をよく見れば、選択肢①「彼らの自然の環境に」、②「彼らの飼い主に」、③「店に」のなかで最適なのは①であるとわかるでしょう。

(5) 専門家の発言の後半が最後の空欄をふくむ文になっています。「彼ら（人間に飼われた野生動物たち）は狩りをするすべも身を守るすべも知らないので、（ 5 ）することができない」という文です。自然の環境のなかで生きていけない動物たちが話題になっているわけですから、正解は②「自然のなかでうまくやっていく」であり、①「野生の世界を離れる」でも③「人間がいることに慣れる」でもないと判断するのはさほどむずかしくはないでしょう。

選択肢で使われている動詞 se débrouiller の使い方はきちんと理解できているでしょうか。『ラルースやさしい仏仏辞典 Niveau 1』の項を参照し、例文（« Cet élève se débrouille très bien en français, mais, en mathématiques, c'est la catastrophe ! » など）を熟読して確認するとよいでしょう。派生語にも注意すると語彙をふやすことができます。

解答 (1) ② (2) ② (3) ① (4) ① (5) ②

5

対話形式の長文があたえられています。聞き手（la / le journaliste であることが多い）の質問の部分が空欄になっているので、アルファベ順に並べられている 7 つの選択肢のなかから適切なものを選びます。それぞれの空欄について、解答用紙の該当箇所の正しい番号を塗りつぶします。配点 10。14-18 年度の平均得点率は 76％でした。

質問に対する答えの部分の内容を読み取ることが重要なわけですが、選択肢の質問にまず目を通しておくとよいでしょう。それぞれの選択肢が oui、non、si などの表現を答えとして要求するものか、あるいは疑問詞を用いて特定の情報（期間、時期、場所、理由など）を求めるものかをチェックしておくと、本文を読んだ際にどの選択肢が本文のどの箇所に対応しているか見やすくなるはずです。本文を読んでおよその見当をつけたら形式面（応答が oui、non、si などの表現で始まっているか否か）と内容面（応答でどういう情報があたえられているか）から正解をしぼりこんでいきましょう。選択肢を選んでからもう 1 度全体を読みなおして確認すると、インタビューの流れとして適切かどうかわかるものですから、あわてずに再検討を忘れないようにしましょう。

ふだんから新聞や雑誌、あるいはインターネットなどに掲載されるインタビュー記事を読んでおくことをおすすめします。

以下で実例を取り上げますので、まず解いてみてから**解説**と**解答**を参考にしてください。**解説**のなかでは、問題文中で使われている表現に補足的な説明をくわえてありますので、語彙をふやすのに役立ててください。

練習問題 1

次の文章は、Hubert に対するインタビューの一部です。インタビュアーの質問として（ 1 ）～（ 5 ）に入れるのにもっとも適切なものを、右のページの①～⑦のなかから 1 つずつ選び、解答欄のその番号にマークしてください。（配点 10）

Le journaliste : Vous allez participer à la course qui consiste à monter la Tour Eiffel à pied. (　　1　　)

Hubert : Pas précisément. Je dirais 1 500 environ...

Le journaliste : (　　2　　)

Hubert : Pas du tout. Vous pourriez me dire 3 000 marches, ça ne changerait rien.

Le journaliste : (　　3　　)

Hubert : J'essaierai de garder un rythme régulier. Si vous accélérez d'un coup, vous pouvez vous faire mal.

Le journaliste : (　　4　　)

Hubert : Impossible, ça va beaucoup trop vite. Je suis concentré sur le mouvement de mes jambes. Je monte toujours les marches deux par deux pour aller encore plus vite.

Le journaliste : (　　5　　)

Hubert : J'ai de la chance, j'habite à côté d'un immeuble de 19 étages, dont je monte et descends les escaliers. Un entraînement à portée de main, c'est idéal pour moi.

① Cela ne vous décourage pas ?

② En quoi consiste votre préparation ?

③ Pourquoi prenez-vous l'ascenseur ?

④ Quelle sera votre méthode ?

⑤ Que représente cette course pour vous ?

⑥ Savez-vous combien de marches vous allez devoir grimper ?

⑦ Vous comptez les marches en courant ?

（15 秋）

解説 各設問ごとに検討していきましょう。

(1) 「エッフェル塔を徒歩で上る競争に参加なさるのですね」というジャーナリストの発言につづいてなされた質問に対して、Hubertは「はっきりはわかりません。1500くらいでしょうか…」と答えています。数字を問う質問を選択肢のなかでさがすと、⑥ Savez-vous combien de marches vous allez devoir grimper ?「(階段を) 何段上らなくてはいけないかご存じですか」があります。Hubertが約1500段と答えていたのだと理解できますから、これが正解だとわかるでしょう。

(2) まず「まったくそんなことはありません」とHubertは答えていますから、ouiかnonで答えられる質問だとわかります。答えのつづきの部分で「3000段と言われても、それでなにも変わることはありません」と言われていますから、階段の段数が話題にまだなっていて、それに対するHubertの反応が問われているのだろうと推測できます。それに適合する質問を選択肢のなかでさがすと、① Cela ne vous décourage pas ?「それで (走る) 気力をくじかれることはありませんか」があります。この質問を空欄に入れてみるとちょうど合いますから、これが正解だと判断できるでしょう。

Hubertの返答の2番目の文ではふたつの節がいずれも条件法をふくんでいます。『プチ・ロワイヤル仏和辞典』巻末の文法解説で条件法現在の項目をさがすと、そこに「帰結節に先行する節で、現在・未来の事実に反する仮定を表わす」といった説明があたえられています。初級文法で「Si +半過去、(主節) 条件法現在」という組み合わせを習ったでしょうが、その従属節のかわりに、接続詞なしで条件法現在が使われていると考えればわかりやすいでしょうか。この場合、最初の節は「もしあなたが3000段と言ったとしても」の意味になるわけです。

(3) 「私は一定のリズムを保つように努力するつもりです。もし人が急にスピードをあげると、体を痛めることがありえますから」といった趣旨のHubertの応答から、彼が競技の際にどういう走り方をするつもりか、未来のことをジャーナリストが尋ねたのだろうと想像できます。そこで選択肢のなかでふさわしい質問をさがすと、未来形が使われている④ Quelle sera votre méthode ?「あなたの方法はどういうものになりますか」だとわかるでしょう。質問と応答の内容だけでなく、使われている動詞の時制にも注意すると解答しやすくなります。

　この Hubert の返答の後半で使われている vous は、特定の相手を指して「あなた（あなた方）」と言っているのではなく、一般論を言うときに「人間一般」を指して使われるものです。このような使い方にも慣れておくとよいでしょう。この文に出ている se faire mal という表現を理解するには、『ラルースやさしい仏仏辞典 Niveau 1』の mal の項（男性名詞のほう）を参照するとよいでしょう。そこに載っているさまざまな表現（avoir mal ; se faire mal (à une partie du corps) ; faire mal à qqn ; faire du mal à qqn など）が身についているでしょうか。

(4)「不可能です、あまりに速すぎますから」とまず Hubert は答えていますから、ここでも oui か non で答えられる質問がジャーナリストから出されたと考えられます。「私は自分の脚の動きに集中していて、より速く走れるように、いつでも２段ずつ上るのです」とつづけて Hubert が話していることも考慮すると、選択肢のなかで⑦ Vous comptez les marches en courant ?「走りながら（階段の）段を数えていますか」がふさわしいとわかるでしょう。選んだあとに前後の流れを確認してみましょう。

(5) Hubert は「運がいいことに、私は 20 階建てのビルの隣に住んでいて、そこの階段を上り下りしているんです。すぐ近くでトレーニングができるんですから私にとっては理想的です」といった趣旨のことを答えていますから、日ごろの訓練に関して尋ねられたのだろうと考えられます。それにふさわしい質問は② En quoi consiste votre préparation ?「あなたはどういう準備をしていますか」だとすぐにわかるでしょうか。

　『ラルースやさしい仏仏辞典 Niveau 1』の consister の項をひいてみましょう。不定詞をともなう場合と名詞をともなう場合の構文が例文（« Si ce travail consiste à écrire des adresses sur des enveloppes, tu peux le faire chez toi. » « C'est vrai que l'examen ne consiste qu'en une seule épreuve ? » など）とともにあげられているのがわかりますか。この問題のジャーナリストの最初の発言でも使われています。それぞれの使い方が身についているか確認してみましょう。

解答　(1) ⑥　(2) ①　(3) ④　(4) ⑦　(5) ②

練習問題 2

次の文章は、Yvette に対するインタビューの一部です。インタビュアーの質問として（ 1 ）～（ 5 ）に入れるのにもっとも適切なものを、右のページの①～⑦のなかから 1 つずつ選び、解答欄のその番号にマークしてください。（配点 10）

Le journaliste : Vous êtes venue à Paris comme invitée à « la Fête de la bande dessinée* ». (　　1　　)

Yvette : Oui et non. Je prépare une bande dessinée sur la Révolution française, donc j'en profite pour découvrir la capitale, prendre plein de photos...

Le journaliste : (　　2　　)

Yvette : Oui. C'est plus facile de « dessiner contemporain », mais le passé m'attire depuis mon enfance.

Le journaliste : (　　3　　)

Yvette : Pour ma part, j'ai la chance que mes séries se vendent bien. Mais en général, c'est très difficile.

Le journaliste : Votre dessin est réaliste et très détaillé. (　　4　　)

Yvette : C'est ma nature. J'adore passer du temps sur les détails. Je ne réalise qu'une page et demie par semaine, au maximum.

Le journaliste : (　　5　　)

Yvette : Il y a le plaisir de partager. J'aime discuter avec eux.

*bande dessinée：バンド・デシネ（漫画）

① Ça vous plaît de rencontrer vos lecteurs ?

② Comment avez-vous inventé ce style ?

③ D'où viennent les nouvelles idées ?

④ Est-ce une petite pause dans votre travail ?

⑤ Il est difficile aujourd'hui de vivre de la bande dessinée ?

⑥ Travaillez-vous aussi la nuit ?

⑦ Vous intéressez-vous à l'histoire ?

（16 秋）

解説 各設問ごとに検討していきましょう。

(**1**) 「バンド・デシネ・フェスティバル」に招待されてパリにいらっしゃったのですね」というジャーナリストの発言につづいてなされた質問に対して、Yvette は「はいでも、いいえでもあります」と答え、「フランス革命に関するバンド・デシネを準備中なので、この機会を活用してパリを発見したり、たくさんの写真を撮ったりします」と述べています。oui か non で答えられる質問を選択肢のなかでさがすと、② と ③ 以外は該当するとわかるでしょう。残りのなかで文脈に合うものをさがすと、④ Est-ce une petite pause dans votre travail ?「お仕事中のちょっとした中休みということですか」があり、それがふさわしいと判断するのはさほどむずかしくはないでしょう。

(**2**) ここでも Yvette は Oui. と答えることから始めています。そのあと、「『現代のことを描く』ほうが簡単ですが、子どものころから過去に惹かれてきました」と述べていますから、作品のジャンル、テーマが話題になっているのだろうと推測できます。oui か non で答えられる選択肢のなかで適切なものをさがすと、⑦ Vous intéressez-vous à l'histoire ?「あなたは歴史に関心があるのですか」が該当するとわかるでしょう。

(**3**) 「私としては、幸いなことにシリーズがよく売れていますが、一般にそれはとてもむずかしいことです」といった趣旨の Yvette の返答から、バンド・デシネで生計をたてることが話題になっているのだろうと考えられます。選択肢のなかで適切なものをさがすと、⑤ Il est difficile aujourd'hui de vivre de la bande dessinée ?「いま、バンド・デシネで暮らすことはむずかしいですか」がぴったりであるとわかるでしょう。

インタビューのなかで pour ma part という表現が使われていますから、『ラルースやさしい仏仏辞典 Niveau 1』の part の項をひいて、多様な用法をもつこの名詞がどう説明されているか、確認するとよいでしょう。

(**4**) 「あなたのデッサンはリアルで細かいですね」というジャーナリストの発言につづく部分が空欄になっていて、それに Yvette は「それは私の本性なのです。こまかいことに時間をかけるのが大好きなので」と答えています。作品のスタイルが問題になっているとわかれば、選択肢のなかで ② Comment avez-vous inventé ce style ?「どのようにこのスタイルをお作りになったのですか」を選ぶのは容易でしょう。

(5) Yvetteの最後の発言は「分かち合う楽しみはありますね。彼らと話すのは好きですよ」といった趣旨ですから、「彼ら」が具体的に言われているような質問を選択肢のなかでさがすと、①Ça vous plaît de rencontrer vos lecteurs ?「あなたの読者たちと会うのはお好きですか」が適切であるとわかるでしょう。ほかに男性名詞複数形をふくむ文はありませんから、これを選ぶのはむずかしくないはずです。

解答 (1) ④　(2) ⑦　(3) ⑤　(4) ②　(5) ①

練習問題 3

次の文章は、Patricia に対するインタビューの一部です。インタビュアーの質問として（ 1 ）～（ 5 ）に入れるのにもっとも適切なものを、右のページの①～⑦のなかから1つずつ選び、解答欄のその番号にマークしてください。（配点 10）

Le journaliste : Vous venez de passer quelques mois seule dans le désert, en Asie centrale. (1)

Patricia : Ma mission* consistait à observer le climat avec un nouvel appareil. C'était vraiment dur.

Le journaliste : (2)

Patricia : Un berger** m'apportait à manger et à boire tous les deux jours.

Le journaliste : (3)

Patricia : La famille, bien sûr. Et aussi tout ce qui m'entoure dans la capitale où j'habite : les gens, les voitures, la foule. C'est bizarre parce que, d'habitude, j'évite ce qui est bruyant.

Le journaliste : (4)

Patricia : Pourquoi pas ? Ça a été une expérience passionnante pour moi.

Le journaliste : (5)

Patricia : J'aimerais écrire un livre sur ma mission. Mais, d'abord, je vais prendre quelques semaines de vacances.

*mission : 使命、任務
**berger : 羊飼い

① Accepteriez-vous de recommencer la même aventure ?

② Comment avez-vous fait pour vous nourrir ?

③ Comment vous sentez-vous ?

④ Quel était le but de ce voyage ?

⑤ Quels sont vos projets ?

⑥ Qu’est-ce qui vous a attirée le plus dans le désert ?

⑦ Qu’est-ce qui vous a le plus manqué ?

（17 秋）

解説 各設問ごとに検討していきましょう。

(1) 「中央アジアの砂漠で数ヵ月、ひとりで過ごしてきたばかりなのですね」というジャーナリストの発言につづいてなされた質問に対して、Patricia は「私の任務は、ある新型装置を使って気候を観察することでした。本当に大変でした」と答えています。何のために砂漠で暮らしたのかを尋ねているのだろうと想像できますから、選択肢のなかでは④Quel était le but de ce voyage ?「その旅行の目的は何だったのですか」が適するとわかるでしょう。

(2) 「ある羊飼いが 1 日おきに食べものと飲みものを運んでくれたのです」といった趣旨の Patricia の返答から、ひとりで暮らしていた彼女が食料をどう調達していたのかジャーナリストが疑問に思ったのだろうと想像できます。選択肢のなかで②Comment avez-vous fait pour vous nourrir ?「食べるにはどうなさっていたのですか」がふさわしいと判断するのはそうむずかしくはないでしょう。

(3) 「もちろん家族です。それだけでなく、私が住んでいる首都で周囲にあるものすべてです、人とか車とか雑踏とか。ふだんはうるさいものは避けているのに変ですね」という内容の返答を Patricia はしていますから、砂漠になくてさびしい思いをしたことは何かとジャーナリストが質問したのだろうと推測できます。選択肢のなかでは⑦Qu'est-ce qui vous a le plus manqué ?「何をもっとも懐かしく思いましたか」が最適だとすぐにわかりましたか。

筆記試験 2 の **練習問題 5** (2)の解説（49 ページ）で指摘したとおり、『ラルースやさしい仏仏辞典 Niveau 1』の manquer の項にはこの動詞のさまざまな用法が例文とともに説明されています。« Cette sauce est bonne, mais ça manque de sel, remets-en un peu. » « Les vacances ne te manquent pas trop ? » « Tu voulais m'étonner, eh bien, tu as manqué ton coup ! » などの例文がきちんと理解できるか、自分でそれらの文を作ることができるかためしてみましょう。

(4) ジャーナリストの質問に「もちろん。私にとってとてもおもしろい体験でした」と Patricia は答えています。「もちろん」、「どうしてそうでないわけがあるでしょうか」の意味で使われる Pourquoi pas ? が返答の最初にありますから、oui か non で答えるタイプの質問がなされたと推測できます。それに合う選択肢は①Accepteriez-vous de recommencer la même aventure ?「同じ冒険をふたたび始めてみることは承諾なさいますか」だと判断するのはむずかしくはないでしょう。

この選択肢で条件法が使われていることに注目し、それが「もしそのような提案をされたら」という仮定を前提にしているのだとすぐに理解できたでしょうか。条件法の使い方が身についていない場合には参考書などで再確認しておくとよいでしょう。

(5) Patricia の最後の発言は「私の任務について 1 冊の本を書いてみたいと思っています。でもまずは数週間のバカンスをとりますけれどね」といった趣旨です。今後の予定や計画についてジャーナリストが質問したのだろうと推測できます。それに合う選択肢をさがすと⑤Quels sont vos projets ?「今後の計画はどういうものですか」がみつかるでしょう。

解答 (1) ④　(2) ②　(3) ⑦　(4) ①　(5) ⑤

練習問題 4

次の文章は、シリア (Syrie) 出身のダンサー Tarek に対するインタビューの一部です。インタビュアーの質問として（ 1 ）～（ 5 ）に入れるのにもっとも適切なものを、右のページの ①～⑦ のなかから 1 つずつ選び、解答欄のその番号にマークしてください。（配点 10）

La journaliste : Tarek, vous allez danser demain soir dans la cour du musée du Louvre. (　1　)

Tarek : J'ai l'impression que c'est un rêve ! Il y a encore un an, je dansais sur des ruines d'immeubles en Syrie.

La journaliste : (　2　)

Tarek : Non jamais, j'ai toujours dansé pour résister aux difficultés de la vie.

La journaliste : (　3　)

Tarek : Il a pour objectif de donner une bonne image des jeunes Syriens. Dans mon pays, il n'y a pas que l'État islamique*, il y a aussi des gens qui boivent et qui dansent.

La journaliste : Vous vivez depuis dix mois à Bruxelles. (　4　)

Tarek : Oui, mais je me sens coupable d'être heureux. J'envoie tout ce que je gagne en Syrie où vit toujours ma mère.

La journaliste : (　5　)

Tarek : Je voudrais retourner dans mon pays et y aider les gens. Et pourquoi pas créer un ballet** national syrien ?

*l'État islamique：イスラム国
**baller：バレエ

① Comment vous sentez-vous aujourd'hui ?

② Êtes-vous satisfait de votre nouvelle vie ?

③ Quel est le but de ce spectacle ?

④ Quel était votre projet en Belgique ?

⑤ Quels sont vos projets dans l'avenir ?

⑥ Vous voudriez visiter d'autres pays ?

⑦ Vous vous êtes découragé, peut-être, quelquefois ?

（18 春）

解説 各設問ごとに検討していきましょう。

(1) ジャーナリストが「あしたの晩あなたはルーヴル美術館の中庭で踊ることになっています」とまず述べ、つづいて出した質問に対して、Tarek は「まるで夢のような気がします」と応じ、「まだ 1 年前はシリアの瓦礫になった建物のうえで踊っていたのですから」と付け加えています。そこで「きょうの気持ち」を尋ねる質問を選択肢のなかからさがします。正解は① Comment vous sentez-vous aujourd'hui ?「きょうはどのようなお気持ちですか」です。

(2) つづいでジャーナリストが発した質問に、Tarek は「いいえ、けっして」と応じていますから、oui か non で答える質問があったのだろうと考えられます。さらに Tarek は「私はいつも人生の困難にあらがうために踊ってきました」と付け加えていますから、これまでの経緯を尋ねているのだろうと推測できます。質問としては、選択肢のうち⑦ Vous vous êtes découragé, peut-être, quelquefois ?「気がくじけることも、たぶんときどきはあったでしょうね」が最適です。

本文で使われている名詞 difficulté について、『ラルースやさしい仏仏辞典 Niveau 1』の項をこの機会に熟読するとよいでしょう。単数と複数の使い方のちがいなどが例文とともに説明されています。

(3) Tarek の応答は、「シリアの若者たちについて、いいイメージをあたえることを目的にしています」です。すると、まさに目的を尋ねている③ Quel est le but de ce spectacle ?「このスペクタクルの目的はなんですか」が、質問としてふさわしいことになります。

(4) Tarek は「はい、でも幸せであることに罪責感も覚えます」と返答していますので、選択肢のなかから oui か non で答える質問をしぼり込みます。さらに、Tarek はここで「いまの気持ち」を述べているわけですから、この応答にふさわしい質問をさがします。出題時には⑥ Vous voudriez visiter d'autres pays ?「ほかの国も訪ねてみたいですか」を選んだ受験者が四分の一いましたが、「いまの気持ち」を尋ねているわけではありませんので、質問としては不適切です。質問として最適なのは、② Êtes-vous satisfait de votre nouvelle vie ?「あなたは新しい生活に満足していますか」ということになるでしょう。

(5) Tarek は応答で、「故国にもどって人々を助けたいです」と述べていますから、質問は「今後の抱負」を尋ねているのだろうと理解できるはずです。すると、選択肢の⑤Quels sont vos projets dans l'avenir ?「将来はどんな計画を立てていますか」が、質問としては最適ということになります。

解答 (1) ①　(2) ⑦　(3) ③　(4) ②　(5) ⑤

6

これも長文問題ですが、いわゆる内容一致形式の問題です。かなりの長さの文章について 7 つの文があたえられています。この短文はおよそ問題文の展開に沿って並べられています。それぞれの文について、問題文の内容に一致している場合は解答用紙の該当箇所の①を、一致しない場合は②を塗りつぶします。配点 14。

7 つの文にあらかじめ目を通しておいてから問題文を読むと、その理解の助けになるだけでなく、一致・不一致の見当もつきます。7 つの文が一致しているかどうかの判断の基準になる箇所がこまかい点である場合もあり、いささか引っかけ的になっていることもありえますから、注意して文章を読む必要があります。本文の 1 文のなかに複数の短文に対応する情報がふくまれている場合もあれば、逆に本文の複数の箇所を総合して判断しないと短文の正誤がわからない場合もあります。本文の内容を、細部にまで気を配って、最後まで正確に把握するようにしてください。

選択式であるため得点率は例年かなり高くなっています。14-18 年度の平均は 79%です。

最近出題された以下の実例を実際の試験のつもりで解いてみてください。解答したあとで**解説**と**解答**を参考にしながら自分の理解が正確だったかどうかを確認してみましょう。**解説**のなかでは、問題文や短文のなかで使われている表現に適宜、補足的な説明をくわえてありますので語彙をふやすのに役立ててください。

練習問題 1

クジラ (baleine) に関する次の文章を読み、右のページの (1) ～ (7) について、文章の内容に一致する場合は解答欄の ① に、一致しない場合は ② にマークしてください。（配点 14）

Au bord de la mer en Californie, deux hommes qui avaient plongé dans l'eau et qui filmaient* des poissons rares ont failli être avalés par une baleine.

Ils filmaient sous l'eau lorsqu'ils se sont retrouvés au milieu d'une énorme masse de poissons. Une baleine se promenait dans l'eau à la recherche de son déjeuner. La reine de la mer, qui n'avait probablement pas fait attention aux hommes, a ouvert ses immenses mâchoires** pour avaler le plus de poissons possible. C'est ainsi qu'elle a aussi failli avaler au passage les deux hommes. Ils ont eu vraiment peur et ils ont été contents de ne pas finir dans le ventre d'une baleine.

La baleine, animal immense mais sans danger pour l'homme, se nourrit principalement de petits poissons. Autrement dit, la baleine aurait sans doute immédiatement recraché*** les deux hommes si par erreur elle les avait avalés... Mais ceux-ci sont certainement bien satisfaits de n'avoir pas eu à le vérifier !

*filmer：撮影する
**mâchoire：あご
***recracher：（口に入れたものを）吐き出す

(1) Les deux hommes étaient sur un bateau quand ils ont rencontré une baleine.

(2) Les deux hommes filmaient des poissons peu communs.

(3) Une masse de poissons a entouré les deux hommes qui filmaient.

(4) La baleine a avalé les deux hommes.

(5) Les mâchoires de la baleine étaient grandes ouvertes pour avaler son repas.

(6) La baleine a recraché les deux hommes.

(7) Les deux hommes voulaient vérifier si les baleines recrachent les êtres humains.

(14 春)

解説、正誤が問われている問題の文を順に確認しながら、本文の内容と一致しているか見ていきましょう。

(1) Les deux hommes étaient sur un bateau quand ils ont rencontré une baleine.「そのふたりの男が船上にいたとき、クジラに遭遇した」という文です。本文第1段落で、ふたりの男が「海にもぐってめずらしい魚たちを撮影していた」とありますから、本文の内容に一致しないことはすぐにわかるでしょう。

この短文の最初で Les deux hommes と定冠詞が使われているのは、すでに話題になった「そのふたりの男」という意味だからであることは確認しておくとよいでしょう。本文冒頭では冠詞がなく、deux hommes と言われていることと対比させて、自分で数詞を使う場合に、冠詞の有無に注意することをおすすめします。

この短文でもう1点注目すべきことは、主節に直説法半過去が使われ、quand でみちびかれる従属節に複合過去が使われている点です。この場合、文の主要な内容は、突発的な出来事を表わす従属節に移っていると説明されます（朝倉季雄著『新フランス文法事典』、白水社、2002年、439ページ）。したがって「〜のとき」はむしろ主節の部分の訳に対応するわけです。短い文でも具体的に状況を思い描くようにしてみましょう。

(2) Les deux hommes filmaient des poissons peu communs.「そのふたりの男は希少な魚たちを撮影していた」という文です。本文の第1段落で「海にもぐってめずらしい魚たちを撮影していた」ことはすでに見たとおりですので本文の内容に一致することは容易にわかるはずです。ところが出題時には commun「ふつうの」という形容詞だけに注目して peu「あまり〜ではない」を見おとしたためか、あるいは peu を un peu「少しは〜」と混同したためか、3割以上の受験者が内容に一致しないと思い込んでしまいました。こまかい点を見おとさないよう、文章は注意深く読みましょう。

(3) Une masse de poissons a entouré les deux hommes qui filmaient.「撮影していたふたりの男を魚の群れがとりかこんだ」という文です。本文第2段落の第1文で Ils filmaient sous l'eau lorsqu'ils se sont retrouvés au milieu d'une énorme masse de poissons.「彼らが海中で撮影していたとき、魚の巨大な群れのただなかに身を置くことになった」と言われていますから、本文

の内容に一致します。

この本文の文も、(1)で見たのと同じタイプで、主節に直説法半過去が使われ、lorsque でみちびかれる従属節に複合過去が使われていることに気づいたでしょうか。また、動詞 se retrouver が「(ある状態に) 突然おちいる」という意味で使われていることにも注目しておくとよいでしょう。

(4) La baleine a avalé les deux hommes.「クジラはそのふたりの男を飲み込んだ」という文です。本文第 2 段落の第 4 文で、人間に気づかずに魚を飲み込もうとして大きく口をあけたため、C'est ainsi qu'elle a aussi failli avaler au passage les deux hommes.「こうしてクジラはそのときふたりの男を飲み込みそうになった」と書かれていることとくらべると、内容に一致していないことはわかるでしょう。

『ラルースやさしい仏仏辞典 Niveau 1』の faillir の項をひくと、この動詞が日常的には複合過去でしか使われないこと、« J'ai failli tomber. » が « Je suis presque tombé. » と言いかえられることなどが説明されています。

(5) Les mâchoires de la baleine étaient grandes ouvertes pour avaler son repas.「餌を飲み込むために、クジラの口は大きく開かれていた」という文です。本文第 2 段落で、クジラが「できるだけ多くの魚を飲み込むために、その巨大な口をあけた」ことは(4)で見たとおりですので、本文の内容に一致することは容易にわかるでしょう。

『ラルースやさしい仏仏辞典 Niveau 1』の grand の項をひき、grand ouvert の性数一致についてどう説明されているか確認してみましょう。合わせて、派生語の動詞 agrandir と grandir のちがいがきちんと理解できているかにも注意してみることをおすすめします。

(6) La baleine a recraché les deux hommes.「クジラはそのふたりの男を吐き出した」という文です。第 3 段落第 2 文には la baleine aurait sans doute immédiatement recraché les deux hommes「クジラはおそらくすぐにそのふたりの男を吐き出したであろう」という節がありますが、そこでは条件法過去が使われていて、si par erreur elle les avait avalés「もしうっかり飲み込んだとしても」という、過去に関する仮定を表わす従属節がつづいていることを見おとさなければ、この箇所の内容と短文が一致しているとは思わないでしょう。とはいえ出題時には 3 割近い受験者がまちがっていました。文章を読む際には動詞の法、時制に気をつけましょう。

(**7**) Les deux hommes voulaient vérifier si les baleines recrachent les êtres humains.「クジラが人間を吐き出すものかどうか、そのふたりの男は確かめたかった」という文です。本文の最後に ceux-ci sont certainement bien satisfaits de n'avoir pas eu à le vérifier !「彼らは、そのこと（前述の「もしうっかり飲み込んだとしても、クジラはおそらくすぐにそのふたりの男を吐き出したであろう」ということ）を確かめる必要がなくて、たいへん喜んでいるはずだ」とありますから、短文は本文の内容に一致しません。

解答 (1) ② (2) ① (3) ① (4) ②
(5) ① (6) ② (7) ②

練習問題 2

次の文章を読み、右のページの (1)～(7) について、文章の内容に一致する場合は解答欄の ① に、一致しない場合は ② にマークしてください。（配点 14）

En France, il y a près de deux millions de personnes aveugles*, dont environ 1 500 sont accompagnées par un chien guide. Mais avant d'être amenés à leurs propriétaires, les chiots** doivent suivre une formation en famille d'accueil***. Aujourd'hui, seules 600 familles acceptent de jouer ce rôle. C'est un nombre insuffisant selon Lucie, présidente du groupe national de chiens guides. « On estime, dit-elle, qu'il faudrait une centaine de familles en plus chaque année. »

Les familles d'accueil commencent à s'occuper des chiots de deux mois, pour environ un an, avec l'aide régulière d'un spécialiste. Elles doivent leur apprendre plusieurs choses : la propreté, la vie en groupe et l'obéissance absolue. « Les volontaires sont aussi là pour faire découvrir aux chiens tous les obstacles de la vie en ville », rappelle Lucie. « Il faut les emmener dans les transports en commun, dans les taxis et aussi dans les magasins. »

Recevoir un chiot exige cependant certaines conditions. La plus importante est d'avoir du temps et d'être prêt à s'occuper vraiment de l'animal. Il faut le surveiller comme on le ferait pour un enfant en bas âge. Les familles ne sont pas payées mais elles peuvent se faire rembourser les frais de nourriture et de soins. « Les gens hésitent souvent à devenir famille d'accueil parce qu'ils ont peur de la séparation, mais ils doivent savoir que leur action va permettre aux aveugles de se déplacer comme ils veulent », insiste Lucie.

*aveugle：目が不自由な（人）
**chiot：子犬
***accueil：受け入れ

(1) En France, il y a seulement 10 % des aveugles qui ont un chien guide.

(2) Lucie considère que le nombre actuel des familles d'accueil n'est pas suffisant.

(3) Les familles d'accueil s'occupent d'un chiot pendant environ deux mois.

(4) Les familles d'accueil se débrouillent toutes seules pour prendre soin des chiens.

(5) Les volontaires n'ont pas le droit d'entrer chez les commerçants avec le chien.

(6) Les gens trop occupés ne peuvent pas recevoir de chien.

(7) Beaucoup de personnes s'inquiètent de devoir se séparer du chien qu'elles ont reçu.

（16春）

解説 正誤が問われている問題の文を順に確認しながら、本文の内容と一致しているか見ていきましょう。

(1) En France, il y a seulement 10 % des aveugles qui ont un chien guide.「フランスでは目が不自由な人のうち盲導犬がついているのは10%だけである」という文です。本文冒頭に「フランスには目が不自由な人が200万人近くおり、そのうちおよそ1500人に盲導犬がついている」とあります。この数字をパーセンテージにすると約0.075%にすぎませんので、短文の内容は本文と一致しません。本文のdeux millions「200万」を読みあやまることなく、あわてずに考えれば簡単に判断がつくでしょう。

(2) Lucie considère que le nombre actuel des familles d'accueil n'est pas suffisant.「Lucieは、現在の受け入れ家庭の数は十分ではないと考えている」という文です。familles d'accueil「受け入れ家庭（ホストファミリー）」とは、本文第1段落のなかほどにあるように、目の不自由な人につく前の子犬に訓練をほどこす家庭のことで、この役割を担っている家庭は現在600だけだと述べられています。つづいて「Lucieによれば、これは不十分な数である」と明記されていますので、短文の内容は本文に一致します。

(3) Les familles d'accueil s'occupent d'un chiot pendant environ deux mois.「受け入れ家庭はおよそ2ヵ月にわたって子犬の世話をする」という文です。本文第2段落冒頭に「受け入れ家庭はおよそ1年の予定で、2ヵ月になる子犬の世話を始める」とあります。前置詞pourは期間を示す語句をあとにしたがえると、「〜の予定で」という意味になります。したがって短文の内容は本文に一致しません。ポイントは、deux mois「2ヵ月」という短文と本文に共通の語句を見ただけで性急に判断しないことです。どのような前置詞によって当該の語句がみちびかれているかによって意味がちがってきますので、本文をていねいに読みなおすことが必要です。

(4) Les familles d'accueil se débrouillent toutes seules pour prendre soin des chiens.「受け入れ家庭は単独でなんとか犬の面倒をみる」という文です。本文第2段落の第1文で、受け入れ家庭は「専門家の定期的な助けを借りながら」子犬の世話をすると述べられていますので、短文は本文の内容と一致しません。

se débrouiller pour + inf.「なんとか〜する」は日常的に用いられる動詞

表現です。『ラルースやさしい仏仏辞典 Niveau 1』の débrouiller (se) の項をひくと、« Fais ce que tu veux, mais débrouille-toi pour arriver à l'heure. » という例文があります。また prendre soin de ... が「～の面倒をみる、世話をする」という意味になることも、『ラルースやさしい仏仏辞典 Niveau 1』の soin の項で見ておくとよいでしょう。この機会に同じ名詞を使ったその他の表現もきちんと使いこなせるか、確認することをおすすめします。

(5) Les volontaires n'ont pas le droit d'entrer chez les commerçants avec le chien.「ボランティアは犬をつれて商店に入ることはできない」という文です。volontaires「ボランティア」は familles d'accueil の言いかえですが、これは本文第 2 段落なかほどで Lucie が「ボランティアがいるのはまた、都市生活のあらゆる障害を犬に発見させるためでもあります」と発言していることから確認できます。つづけて、おなじく Lucie の発言として、「犬を公共交通機関に、タクシーに、それから商店にも連れていかなければなりません」と記されています。ここでは動詞 emmener の直前に置かれた直接目的語人称代名詞 les が les chiens をうけていることを確認しておきましょう。したがって短文は本文の内容に一致しません。

(6) Les gens trop occupés ne peuvent pas recevoir de chien.「多忙な人は犬を受け入れることができない」という文です。本文第 3 段落の第 1 文と第 2 文で、犬を受け入れるにはいくつか条件をみたす必要があり、もっとも大事な条件は「時間があって本当に犬の世話をする用意があること」だと言われていますので、短文は本文の内容と一致します。

(7) Beaucoup de personnes s'inquiètent de devoir se séparer du chien qu'elles ont reçu.「多くの人には受け入れた犬と別れなければならないのが気がかりだ」という文です。本文第 3 段落後半の Lucie の発言によれば、人々が受け入れ家庭になるのをしばしば躊躇するのは、「別離を恐れているから」とのことですので、短文は本文の内容に一致します。

解答　(1) ②　(2) ①　(3) ②　(4) ②
(5) ②　(6) ①　(7) ①

練習問題 3

次の文章を読み、右のページの(1)～(7)について、文章の内容に一致する場合は解答欄の①に、一致しない場合は②にマークしてください。（配点14）

Voulez-vous habiter dans une église ? Pas de problème. Depuis quelques années, en effet, des églises transformées en maison d'habitation sont en vente. Pour 200 000 à 500 000 euros, des gens achètent et transforment d'anciennes églises en maisons pas comme les autres.

D'un point de vue légal, il est parfaitement possible de vivre dans une église qui, une fois abandonnée, devient, aux yeux du clergé* et de l'administration, un bâtiment ordinaire. Pourtant, la chose n'est pas toujours simple, car plusieurs obligations existent pour le nouveau propriétaire.

D'abord, si votre église est classée** monument historique, les changements que vous pourrez apporter seront limités et contrôlés par l'État. Ensuite, si vous voulez garder la structure d'ensemble du bâtiment, vous serez obligé de renoncer à certains éléments de confort. Et enfin, vous devez savoir que c'est un choix de vie très particulier, qui causera autant d'admiration que d'étonnement à vos voisins. Certains d'entre eux peuvent être très attachés depuis longtemps à votre église. Ils vous demanderont des explications.

Mais ne vous découragez pas. Rappelons-nous que la majorité des bâtiments religieux vendus en France, surtout en ville, sont généralement détruits et remplacés par des immeubles de bureaux ou même des centres commerciaux.

Faut-il laisser disparaître ainsi des lieux de mémoire ? Ne vaut-il pas mieux les habiter et garder la longue tradition de notre paysage ?

*clergé：聖職者たち
**classer：認定する

(1) De nos jours, il n'est pas impossible d'habiter dans une église.

(2) Aux yeux du clergé et de l'administration, une église abandonnée est toujours une église.

(3) Pour le nouveau propriétaire d'une église, il y a parfois des complications.

(4) Le confort moderne est parfois difficile à obtenir pour les propriétaires d'église.

(5) Les voisins d'une église abandonnée n'y font plus attention.

(6) Il est interdit de détruire des églises pour construire des immeubles à leur place.

(7) L'auteur pense qu'en habitant une église, on garde une certaine tradition du paysage français.

(17 春)

解説 正誤が問われている問題の文を順に確認しながら、本文の内容と一致しているか見ていきましょう。

(1) 短文は De nos jours, il n'est pas impossible d'habiter dans une église.「今日、教会に住むことは不可能ではない」という二重否定の内容です。すなわち可能である、ということに注意が必要です。本文第1段落第3文に「数年前から住居家屋に改築された教会が売りに出されているのです」とありますし、本文第2段落第1文にも「法的観点からは教会に住むことはまったく可能である」とありますから、短文の内容は本文と一致します。二重否定に混乱しないように気をつけましょう。

(2) Aux yeux du clergé et de l'administration, une église abandonnée est toujours une église.「聖職者たちと行政の目には、もう使われていない教会でもやはり教会だ」という文です。本文第2段落第1文にあるように、いったん使われなくなった教会は聖職者たちと行政の目にはふつうの建物になると述べられていますので、短文の内容は本文に一致しません。

(3) Pour le nouveau propriétaire d'une église, il y a parfois des complications.「教会の新しい所有者には、ときとして煩雑なことがある」という文です。本文第2段落の終わりに「しかしながら、ことはつねに簡単というわけではない。なぜなら新しい所有者にはいくつもの義務があるからである」とあります。したがって短文の内容は本文に一致します。つねに簡単というわけではないという否定の表現が、ときとして煩雑なことがあるという肯定文の内容と一致することを理解することが大切です。

(4) Le confort moderne est parfois difficile à obtenir pour les propriétaires d'église.「現代の快適な生活は、教会の所有者にとってはときとしてえることがむずかしい」という文です。本文第3段落第2文で、「建物全体の構造を保持したいならば、快適な生活要因のいくつかはあきらめざるをえないことになる」とありますので、短文は本文の内容と一致します。

(5) Les voisins d'une église abandonnée n'y font plus attention.「もう使われなくなった教会の近所の人たちはもはやそれに注意をはらわない」という文です。ここでは代名詞 y が faire attention à qqch の前置詞 à によるものであることを確認しましょう。本文第3段落の最後から2番目の文で、近所の人たちのなかには教会にずっと前から愛着をもっている人がいることもあると述べられていますから、短文の「教会に注意をはらわない」という内容とは一致しません。

(6) Il est interdit de détruire des églises pour construire des immeubles à leur place.「教会のかわりに建物を建設するために教会を取り壊すことは禁じられている」という文です。『ラルースやさしい仏仏辞典 Niveau 1』の interdire の項を見ると、« Si seulement il était interdit aux voitures de circuler dans Paris ! » という例文が載っています。このように il est interdit de + inf. の il は非人称の主語の il で、de 以下を禁じるという表現です。本文第４段落第２文で、「フランスで売却される宗教建築物の大半が、とりわけ都市では、一般的には取り壊されて事務所のビルやショッピングセンターにさえ、とってかわられている」とあります。短文にあるような禁止がなされていたらこのような取り壊しは不可能ですから、短文は本文の内容と一致しません。

(7) L'auteur pense qu'en habitant une église, on garde une certaine tradition du paysage français.「教会に住むことでフランスの光景の伝統のいくばくかは保たれると筆者は考えている」という文です。本文第４段落の最後の文で、「そこに住み、私たちの景観の長い伝統を保つほうがよくはありませんか」と筆者は問いかけています。この Ne vaut-il pas mieux は il vaut mieux + inf. という非人称主語 il を用いた構文「～するほうがよい」を否定疑問文で用いたもので、「～するほうがよくはありませんか」という表現です。否定文ではあっても伝統を保つほうがよいという意味で使われていますから、短文は本文の内容に一致します。

解答　(1) ①　(2) ②　(3) ①　(4) ①
(5) ②　(6) ②　(7) ①

練習問題 4

次の文章を読み、右のページの(1)～(7)について、文章の内容に一致する場合は解答欄の①に、一致しない場合は②にマークしてください。（配点 14）

On entend des cris d'enfants dans la maison de retraite d'Antony. Gilles Bernard a un grand sourire. Pourtant, il y a peu, cet homme de 90 ans avait des idées noires. Sa femme venait en effet de mourir. Aujourd'hui, il montre sa joie de vivre, entouré d'enfants de 3 à 5 ans. « Quand je me retrouve avec des petits, je me sens comme il faut », affirme ce père de trois grands enfants, qui a aussi quatre petites-filles et un arrière-petit-fils. Gilles a participé à un atelier musique* avec des résidents** et les enfants amenés par une institutrice d'école maternelle***.

L'activité a commencé en 2009 à l'initiative d'Anne-Marie Tavernier. « Ma fille travaillait en maison de retraite et quand j'allais la chercher avec les enfants que je gardais, je voyais bien tout l'intérêt des résidents pour eux. J'ai donc eu cette idée d'amener ici des petits pour faire des ateliers. Les parents ont tous accepté. Ça se passe très bien. »

En fin d'année, un concert sera organisé devant tous les résidents et les parents. Les enfants l'attendent avec impatience, car ce sera une bonne occasion pour eux de montrer le résultat de leurs exercices.

*atelier musique：音楽教室
**résident：入居者

***école maternelle：幼稚園

(1) Gilles Bernard est mécontent de voir des enfants dans la maison de retraite.

(2) Gilles Bernard était triste depuis la perte de sa femme.

(3) Ce n'est que récemment que la femme de Gilles Bernard est morte.

(4) Les enfants amenés à la maison de retraite sont trop petits pour participer à un atelier musique.

(5) C'est la propre expérience d'Anne-Marie Tavernier qui est à l'origine de la visite des enfants dans la maison de retraite.

(6) Certains parents n'ont pas voulu qu'on conduise leurs enfants à la maison de retraite.

(7) À la fin de l'année, un concert aura lieu à la maison de retraite.

(18 秋)

解説 正誤が問われている問題の文を順に確認しながら、本文の内容と一致しているか見ていきましょう。

(1) Gilles Bernard est mécontent de voir des enfants dans la maison de retraite.「Gilles Bernard は老人ホームで子どもたちを見かけることに不満である」という文です。本文第 1 段落冒頭において、Antony の老人ホームでは子どもたちの声が聞こえ、Gilles Bernard はにこにこしていると述べられており、そのあとでも「子どもたちといっしょいると申し分ない気持ちになります」という彼の発言が引用されています。したがってこの文は本文の内容に一致していません。出題時には content と mécontent を混同した受験者が多くいました。

『ラルースやさしい仏仏辞典 Niveau 1』の mécontent の項をひき、さまざまな例文（« Il y a toujours des mécontents quand on fait quelque chose de nouveau. » など）をきちんと理解するだけでなく、同義語や派生語に関する指摘も参照して語彙をふやすように努力しましょう。

(2) Gilles Bernard était triste depuis la perte de sa femme.「Gilles Bernard は妻を亡くして以来悲しかった」という文です。本文第 1 段落第 3 文で「90 歳の Gilles Bernard が最近まで悲観的であった」と述べられ、その理由が妻が直前に逝去したことだと語られています。したがってこの文は本文の内容に一致しています。avoir des idées noires が「悲観的である」という意味の成句であることがわかればむずかしくはないでしょう。

(3) Ce n'est que récemment que la femme de Gilles Bernard est morte.「Gilles Bernard の妻が亡くなったのは最近のことである」という文です。(2)でも見たように本文第 1 段落第 4 文で、彼の妻が亡くなったばかりだったということが述べられていますから、この短文は本文の内容に一致します。ne... que「～しか…ない」をきちんと理解していれば迷うことはないはずです。

(4) Les enfants amenés à la maison de retraite sont trop petits pour participer à un atelier musique.「その老人ホームに連れてこられる子どもたちはあまりに幼いために音楽教室には参加できない」という文です。第 1 段落最後の文で、Gilles Bernard が音楽教室に参加したところであり、そこには老人ホームの入居者からの参加者と、ある幼稚園の先生に連れてこられた子どもたちもいると説明されています。したがって、子どもたちは音楽教室に参加できる年齢には達しているわけです。ですから短文は本文の内容に一致していません。

『ラルースやさしい仏仏辞典 Niveau 1』の trop の項にはこの短文と同じ構文の例（« Elle est trop jeune pour faire ce travail. »）以外にもさまざまな例文（« Vous vous êtes trompé en me rendant la monnaie, il y a trois francs de trop. » など）が載っています。よく知っていると思っている単語であっても、きちんと身についているか再確認することをおすすめします。

(5) C'est la propre expérience d'Anne-Marie Tavernier qui est à l'origine de la visite des enfants dans la maison de retraite.「Anne-Marie Tavernier 自身の経験が、老人ホームを子どもたちが訪問することの発端である」という文です。第２段落で 2009 年にこの活動が Anne-Marie Tavernier の提唱で始まったと述べられ、彼女のことばが引用され、そのなかで、老人ホームで働く彼女の娘を迎えにいくときに自分が受けもっている子どもたちを連れていったら入居者たちが喜んだのを見て、子どもたちと入居者でいろいろな教室をしてみようと思ったと説明されています。したがって、この短文は本文の内容に一致しています。本文の１文だけでなく１段落全体を読まなくてはいけませんが、さほどむずかしくはないでしょう。

(6) Certains parents n'ont pas voulu qu'on conduise leurs enfants à la maison de retraite.「親たちのなかには、老人ホームに子どもたちが連れていかれることを望まなかった人もいる」という文です。第２段落の Anne-Marie Tavernier のせりふの第３文で、「親たちは全員、承諾してくれました」と言われていますから、この文は本文の内容に一致していません。

この短文で使われている certains と、それに対応する本文中の tous の使い方はしっかり身についているでしょうか（tous はこの場合、語末の子音を発音することは理解できていますか）。『ラルースやさしい仏仏辞典 Niveau 1』のそれぞれの項をひき、この用法に対応するどういう例文（« Comment trouves-tu ce tapis ? — Très joli, mais j'ai l'impression qu'il est abîmé à certains endroits. » « Nous avons tous des défauts, c'est normal. » など）が載っているかを見て、きちんと理解できているか再確認し、そのほかの用法の例文と説明も同時に熟読しておくとよいでしょう。

(**7**) À la fin de l'année, un concert aura lieu à la maison de retraite.「今年の末に、この老人ホームでは演奏会が開かれる予定である」という文です。第 3 段落冒頭で、年末には入居者と親たちの前で演奏会が催されるだろうと述べられていますから、この短文は本文の内容に一致しています。

短文で使われている avoir lieu はきちんと使えるでしょうか。『ラルースやさしい仏仏辞典 Niveau 1』の lieu の項を参照して確認しておくことをおすすめします。名詞 lieu を使った前置詞句 au lieu de は別の項目として扱われていますので、それも忘れずに熟読しましょう。

解答　(1) ②　(2) ①　(3) ①　(4) ②
(5) ①　(6) ②　(7) ①

7

対話体の問題文に５つの空欄が設けられています。それぞれについて４つの選択肢があたえられています。適切なものを選び、解答用紙の該当箇所の正しい番号を塗りつぶす問題です。配点 10。

筆記試験 5 とおなじく対話体の問題ですが、筆記試験 5 が質疑応答の質問のほうを選ぶ問題であるのに対し、筆記試験 7 はやりとりのなかの文、あるいは文の一部が空欄になっています。話の展開に関係する選択肢もありますが、多くは会話のなかでよく使われる慣用的な表現です。たとえば

① Ça suffit　② Ce n'est rien　③ Pas possible　④ Tant pis
① Allons-y　② Ça alors　③ Ça va　④ Disons

のような選択肢です。

とはいえ、会話の展開を追っていくのは意外にむずかしい場合があり、14-18 年度の平均得点率は 71%と、筆記試験 5（平均得点率 76%）より低い数字になっています。

会話でよく使われる表現を、そのニュアンスとともにしっかり覚え、自分でも使いこなせるようにしておくとよいでしょう。たとえば『ラルースやさしい仏仏辞典 Niveau 1』の例文を熟読し、用法の説明を何度も読み返すのが効果的です。

以下にあげた実際の問題を解くことで、対話体の自然な流れを作れるように空欄をうめる練習をしてみましょう。それぞれの空欄に入るべき語句を選んだあと、対話文全体をとおして読みなおしてみると、それぞれの前後関係が適切であるかどうか確認できるでしょう。空欄はその前の部分だけでなく、そのあとの部分ともきちんとつながっている必要があるからです。

練習問題 1

次の対話を読み、(1) ～ (5) に入れるのにもっとも適切なものを、それぞれ右のページの①～④のなかから1つずつ選び、解答欄のその番号にマークしてください。(配点10)

Chantal : Tiens, tu étais là ? Mais il fait sombre ici. Pourquoi as-tu tiré les rideaux ?
Jeanne : Parce que, sinon, il y a trop de soleil dans la pièce.
Chantal : (1). Au contraire.
Jeanne : Tu ne vas pas ouvrir les rideaux quand même ?
Chantal : C'est ce que j'allais faire.
Jeanne : Ce n'est pas nécessaire.
Chantal : Mais on ne voit rien ici. (2), ça doit te faire mal aux yeux.
Jeanne : (3). Trop de lumière peut causer des maladies.
Chantal : Comment le sais-tu ?
Jeanne : Ma grand-mère a perdu un œil à l'âge de 60 ans parce qu'elle avait laissé la lumière allumée tout le temps.
Chantal : (4) relation de cause à effet.
Jeanne : Si ! C'est son médecin qui l'a dit.
Chantal : Les médecins disent parfois n'importe quoi.
Jeanne : (5), je ne veux pas perdre la vue à cause d'une lumière trop vive.

(1) ① C'est vrai
② Je ne trouve pas
③ Je pense aussi
④ Tout à fait

(2) ① En plus
② Heureusement
③ Malgré ça
④ Ou bien

(3) ① Je me trompe
② Je te donne raison
③ Tu as raison
④ Tu as tort

(4) ① Cela indique une
② Il doit y avoir une
③ Il n'y a sans doute pas de
④ Je ne pense pas qu'il n'y ait pas de

(5) ① En général
② En tout cas
③ Par conséquent
④ Surtout

(15 秋)

解説 対話文の流れを追いながら、各設問のポイントを見ていきましょう。

(1) 部屋に入ってきたChantalが、暗いのに驚いて「どうしてカーテンを引いたの？」と尋ねたところ、Jeanneが「そうしないと太陽の光が部屋に入りすぎるからよ」と答えたの対して、Chantalがどう答えたのかが問題です。（ 1 ）につづく発言 (Au contraire.) から、ChantalはJeanneに同意していないとわかります。①C'est vrai「本当ね」、③Je pense aussi「私もそう思う」、④Tout à fait「まったくね」では同意することになりますから、正解は②Je ne trouve pas「私はそうは思わない」です。

「カーテンを引く（しめる）」場合はtirer les rideauxまたはfermer les rideauxと言い、「カーテンをあける」場合はouvrir les rideauxまたはécarter les rideauxと言うことをこの機会に確認しておくとよいでしょう。

(2) カーテンをあけるかあけないかというやりとりをしたあと、Chantalが「でもここはなにも見えないじゃない」と言ってから「目に悪いわよ」と言う前に（ 2 ）があります。つなぎの表現として何がふさわしいかを考えます。①En plus「そのうえ」、②Heureusement「幸運にも」、③Malgré ça「それにもかかわらず」、④Ou bien「あるいは」のなかでふさわしいのが①であることは容易に判断できるでしょう。

(3) 「目に悪いわよ」とChantalが言うのに対して、Jeanneがどう答えたかが問題です。（ 3 ）につづいて「明るすぎると病気になるのよ」と言っていますから、JeanneはあくまでChantalの意見には賛成せず、自分が正しいと主張していることがわかります。選択肢を見ると①Je me trompe「私がまちがっている」、②Je te donne raison「あなたが言うとおりね」、③Tu as raison「あなたは正しい」では自分の非を認めたことになりますから適合しません。正解は④Tu as tort「あなたはまちがっている」です。

『ラルースやさしい仏仏辞典Niveau 1』のraisonとtortの項をそれぞれ参照してみるとよいでしょう。さまざまな表現（donner raison à qqn ; faire du tort à qqnなど）とその例文（« Je ne sais plus qui a dit que le chômage allait augmenter ; en tout cas, les événements lui ont donné raison. » « Il ne devrait pas arriver si souvent en retard, ça va lui faire du tort. » など）が載っています。きちんと理解して自分で使えるか、ためしてみることをおすすめします。

⑷　どうして明るすぎると病気になるなんてわかるのと言うChantalに対して、Jeanneは彼女の祖母がしじゅう電気をつけていたために60歳で片目が見えなくなったことを例としてあげます。それにChantalが「因果関係は（　4　）」と答えているわけです。解答にあたっては、直後にJeanneがSi !「いや、そうではない」と相手の否定的発言に反対していることに注目するとよいでしょう。選択肢は①Cela indique une「それは（因果関係が）あることを示している」、②Il doit y avoir une「（因果関係が）あるにちがいない」、③Il n'y a sans doute pas「おそらく（因果関係は）ない」、④Je ne pense pas qu'il n'y ait pas de「（因果関係が）ないとは思わない」と並んでいますから、Jeanneが「いや、そうではない（因果関係はある）」と答える発言としては③が適切だとわかるでしょう。④が二重否定になっているのは理解しづらいかもしれませんが、冷静に考えれば「因果関係がある」という意味だとわかりますか。出題時には苦労した受験者が少なくなく、4割近くがまちがっていました。

⑸　Jeanneが部屋の明るさと失明の間に因果関係があることの裏づけとして祖母の医者を引き合いに出しているのに対して、Chantalは「医者というものはでたらめを言うことがある」と発言しています。それに対するJeanneの答えが問題です。（　5　）につづいて「明るすぎるために失明したくはないのよ」と言っていますから、②En tout cas「いずれにせよ」が空欄にはふさわしいでしょう。①En général「一般的に」、③Par conséquent「したがって」、④Surtout「とくに」ではうまくつながりません。

解答　(1) ②　(2) ①　(3) ④　(4) ③　(5) ②

練習問題 2

次の対話を読み、（　1　）～（　5　）に入れるのにもっとも適切なものを、それぞれ右のページの①～④のなかから1つずつ選び、解答欄のその番号にマークしてください。（配点 10）

Charles : Tiens, c'est toi, Denis. Tu es devenu piéton ?
Denis : (　　1　　), je n'ai plus ma bicyclette.
Charles : Ça fait longtemps que je ne t'ai pas vu marcher.
Denis : (　　2　　), depuis 10 ans je suis toujours sorti à bicyclette.
Charles : Mais qu'est devenu ton vélo ?
Denis : Ma femme vient de me quitter et elle a pris tout ce qu'il y avait dans la maison.
Charles : (　　3　　) Elle ne t'a rien laissé ?
Denis : Rien du tout. Elle a tout vendu avant de partir pour la Chine avec un tout jeune homme.
Charles : Un tout jeune homme ? (　　4　　) ! Comment se sont-ils rencontrés ?
Denis : C'est le fils d'un collègue. Ma femme s'ennuyait à la maison. Alors je lui ai conseillé de donner des leçons de piano à ce jeune homme.
Charles : (　　5　　), c'est ta faute alors.
Denis : On dirait. Ou bien c'était mon destin peut-être.

(1) ① Je ne sais pas
② Non
③ Oui
④ Si

(2) ① Bref
② C’est pareil
③ C’est vrai
④ Regarde

(3) ① Ah bon ?
② Ça ne fait rien.
③ Je n’ai pas fait exprès.
④ Quel temps fait-il ?

(4) ① Allez-y
② Ne t’inquiète pas
③ Qu’il fait beau
④ Sans blague

(5) ① Comme ci, comme ça
② Franchement
③ Merci bien
④ Salut

(16 秋)

解説 対話文の流れを追いながら、各設問のポイントを見ていきましょう。

(1) 偶然出会った Denis が歩いているのに驚いて Charles が「君は歩く人になったのかい」と尋ねたところ、Denis が「(1)、もう自転車をもっていないんだ」と答えています。相手の発言に同意しているわけですから、空欄に入るのは③ Oui「そうなんだ」だとすぐにわかるでしょう。① Je ne sais pas「わからないんだ」、② Non「いいや」、④ Si「とんでもない」では文脈に合いません。出題時には②を選んだ受験者が 3 割以上いましたが、空欄につづく節が否定であることにつられたのでしょうか。前後をよく見て判断しましょう。

(2) Charles が「ずいぶん前から君が歩いているのを見たことがないね」と言ったのに対し、(2) につづいて Denis は「10 年前からいつも自転車に乗って外出していたんだ」と答えています。ここでも相手の発言に同意していると読み取れれば、正解が③ C'est vrai「そのとおり」であることは容易に選べるはずです。① Bref「要するに」、② C'est pareil「似たようなものだ」、④ Regarde「見て」ではうまくつながらないことはわかりましたか。

(3) 自転車がなくなった事情を Denis が説明して、「妻が出ていってしまい、家のなかにあったものを全部取ってしまったんだ」と言うのに対し、(3) につづいて Charles が「彼女はなにひとつ君に残さなかったのかい」と尋ねています。彼は驚いているわけですから、空欄に入るのは① Ah bon ?「えっ本当？」が適切です。② Ça ne fait rien.「かまわないよ」、③ Je n'ai pas fait exprès.「わざとじゃないよ」、④ Quel temps fait-il ?「どんな天気？」では文脈に合いません。

だれでも bon という単語は知っていて、いまさら辞書をひく必要は感じないかもしれません。しかし『ラルースやさしい仏仏辞典 Niveau 1』の bon の項を読み、すべての例文（« Quoi ? Partir tout de suite ? Tu en as de bonnes, toi ! Je ne suis pas prête ! » « Dis donc ! il faudrait que tu fasses les courses. — Allons bon ! Moi qui voulais travailler ! » など）がきちんと理解できているかためしてみるとよいでしょう。意外に身についていない用法があるものです。

(4) Denis は妻がなにも残してくれず、全部売り払って、とても若い男と中国に行ってしまったことを説明すると、Charles が驚いて「とても若い男だって？」と言ったあとに（　4　）があり、さらに「どうやって彼らは出会ったんだい？」と尋ねています。前後の関係から判断すれば、空欄には④ Sans blague「冗談だろう」が入るとわかるでしょう。① Allez-y「さあどうぞ」、② Ne t'inquiète pas「心配するなよ」、③ Qu'il fait beau「なんていい天気なんだ」では文脈に合いません。

『ラルースやさしい仏仏辞典 Niveau 1』の blague の項には、sans blague ! の例文として « Tu es reçu à l'examen ? Sans blague ! Je ne m'y attendais pas. » が載っています。この表現がどう使われると説明されているか、わかりますか。派生語もふくめてこの項目を熟読するとよいでしょう。

(5) そのとても若い男が同僚の息子であり、家で退屈していた妻に、彼にピアノを教えるようにすすめたのだと Denis が経緯を説明したところで、Charles は「(　5　)、それなら君のせいだな」と感想を言っています。空欄に入れるのに適切なのは② Franchement「率直に言わせてもらえば」であるとすぐにわかりましたか。① Comme ci, comme ça「まあまあだね」、③ Merci bien「ごめんこうむるよ」、④ Salut「じゃあね」ではうまくつながりません。

『ラルースやさしい仏仏辞典 Niveau 1』の franchement の項をひき、この副詞がどう使われているか、例文（« Je vous dirai franchement que je ne suis pas d'accord. » « Franchement, je trouve que vous exagérez. » など）をとおしてよく理解しておきましょう。

解答　(1) ③　(2) ③　(3) ①　(4) ④　(5) ②

練習問題 3

次の対話を読み、（ 1 ）～（ 5 ）に入れるのにもっとも適切なものを、それぞれ右のページの①～④のなかから 1 つずつ選び、解答欄のその番号にマークしてください。（配点 10）

Juliane : Tiens, bonjour, Cyprine. Qu'est-ce que tu fais là ?

Cyprine : J'attends que le feu passe au vert, bien sûr !

Juliane : Ah, tu n'es pas de bonne humeur. (1) ?

Cyprine : Je suis malheureuse, (2)

Juliane : Mais tu as un mari. Il peut t'écouter et t'aider.

Cyprine : (3), maintenant que mes enfants ont grandi, si je trouve un travail, je le quitterai tout de suite. J'en ai assez, en fait.

Juliane : Ah, bon. Je croyais que vous vous entendiez toujours très bien.

Cyprine : (4) C'est difficile de vivre avec quelqu'un qui vous prend pour une femme de ménage.

Juliane : Tu cherches un travail alors ?

Cyprine : Justement, j'ai rendez-vous avec quelqu'un qui a besoin d'un comptable.

Juliane : Eh bien, (5), Cyprine ! On se reverra un de ces jours !

Cyprine : À bientôt, Juliane.

(1) ① Ça fait combien
② C'est à qui
③ Quelle heure est-il
④ Qu'est-ce que tu as

(2) ① ça alors !
② c'est ici ?
③ c'est tout !
④ tu exagères !

(3) ① Comme ci, comme ça
② De nos jours
③ Il n'y a pas de quoi
④ Oh, tu sais

(4) ① Connais-toi toi-même !
② Qu'est-ce que ça signifie ?
③ Que veux-tu ?
④ Tu as raison.

(5) ① bonne chance
② bonne fête
③ quel dommage
④ vivement les vacances

(17 秋)

解 説 対話文の流れを追いながら、各設問のポイントを見ていきましょう。

(**1**) 街中でCyprineを見かけたJulianeが「何をしているの」と尋ねると、相手は「信号が青になるのを待っているのよ、当然でしょ」と答え、Julianeは「機嫌がよくないのね」と言います。第1の空欄はそれにつづく疑問文で、選択肢① Ça fait combien「いくらになるの」、② C'est à qui「これはだれのもの」、③ Quelle heure est-il「いま何時」、④ Qu'est-ce que tu as「どうしたの」のなかから文脈に合うものを選ぶには、つづく返答でCyprineが「私は不幸なのよ」と言っていることにも注目すれば、Julianeが相手のようすを見て心配しているのだろうと推測できて、正解が④であるとすぐにわかるでしょう。空欄の前後をよく見て、対話の流れをとらえるとたやすく解答できるはずです。

動詞avoirを使ってqu'est-ce que vous avez ?と尋ねると、具体的に「何をもっているのですか」という意味になる以外に、具合の悪そうな人の心身の状態に関して「どうしたのですか」という意味になることは基本的な事項として知っているでしょうから、その点でもこの設問はさほどむずかしくはないでしょう。

(**2**) 第1の空欄につづく返答でCyprineが「私は不幸なのよ、(　2　)」と言っています。この第2の空欄をうめるにも、そのあとのJulianeのせりふ、「でも旦那さんがいるじゃない。あなたの話を聞いてくれたり、あなたを助けたりしてくれるでしょう」にも目を向け、前後の文脈を把握したうえで考える必要があります。選択肢は① ça alors !「なんてこと」、② c'est ici ?「ここなの ?」、③ c'est tout !「それだけよ」、④ tu exagères !「あなた度を過ごしているわよ」といった意味ですから、不機嫌なCyprineの言うせりふとして適切なのは③であるとわかるでしょう。

(**3**) Julianeから、あなたには夫がいるのだからとなぐさめられたCyprineの返答の最初に第3の空欄があります。彼女のせりふは「(　3　)、子どもたちが大きくなったいま、もし仕事がみつかったら、すぐに彼とは別れるわ。もううんざりなのよ、じつのところ」といった趣旨です。このような告白をしているわけですから、選択肢のなかでふさわしいのは自分の主張を強めるときに使われる④ Oh, tu sais「それにね」であるとわかるでしょう。① Comme ci, comme ça「まあまあね」、② De nos jours「現代では」、③ Il n’y a pas de quoi「どういたしまして」では文脈に合いません。出題時には③を選んだ受験者が3割近くいて、正解できた受験者は半数強でした。

選択肢で使われている表現がそれぞれどのようなときに使われるものか、『ラルースやさしい仏仏辞典 Niveau 1』の comme、jour、quoi、savoir の項をひいて例文（« Comment allez-vous ? — Comme ci, comme ça. » « De nos jours, il y a encore des gens qui ne savent ni lire ni écrire. » « Je vous remercie de m’avoir rendu service. — Je vous en prie, il n’y a pas de quoi, c’était tout naturel. » « C’est un garçon très gentil, tu sais, il ne faut pas lui en vouloir. » など）をとおして確認しておくとよいでしょう。

(4) Juliane から「あなたがた夫婦は仲がいいと思っていた」と言われたのに対して Cyprine が答えるせりふの最初に第4の空欄があります。そのせりふは「（　4　）人のことを家政婦扱いする人と暮らすのはむずかしいのよ」といった内容です。選択肢① Connais-toi toi-même !「あなた自身を知りなさい」、② Qu’est-ce que ça signifie ?「それはどういう意味なの」、③ Que veux-tu ?「仕方ないじゃない」、④ Tu as raison.「言うとおりね」のなかで文脈にふさわしいのは③であるとすぐに判断できたでしょうか。選択肢で使われている表現それぞれの意味がはっきりわかっていれば容易な設問ですが、出題時には①、②、④を選んだ答案がそれぞれ3割前後あり、正解した受験者は1割にとどまりました。

Que veux-tu ?の用法を確認するには、『ラルースやさしい仏仏辞典 Niveau 1』の vouloir の項をひくとよいでしょう。例文 « Et voilà, les vacances sont finies ! Que voulez-vous, c’est comme ça ! » とともに、解説で « Dans une exclamation, *que veux-tu !* a une nuance de résignation. » と言われています。その他の例文と解説も熟読すると、知っていると思っている動詞 vouloir に意外に多様な使い方があると理解できるでしょう。

(5) 仕事がないかと考えている Cyprine が、会計担当者をさがしている人との面接に向かっているところだと言うのに対して Juliane が言うせりふのなかに第5の空欄があります。「じゃあ（　5　）Cyprine！ 近いうちに会いましょうね」といった内容のせりふですから、面接がうまくいくようにはげましているのだろうと推測できます。すると選択肢のなかで① bonne chance「がんばってね」がふさわしいと容易にわかるでしょう。その他の選択肢は② bonne fête「楽しいパーティーをしてね」、③ quel dommage「残念ね」、

④ vivement les vacances「バカンスが待ち遠しい」といった意味ですから文脈に合いません。

この機会に『ラルースやさしい仏仏辞典 Niveau 1』の vivement の項をひいてみましょう。例文（« Vivement les vacances, cette année n'en finit plus ! » « Vivement que Pierre arrive, j'ai très envie de le voir. »）とともに、解説（« *Vivement* s'emploie pour exprimer un souhait et indique qu'on attend qqch avec impatience. »）も読むと使い方を再確認することができます。

解答　(1) ④　(2) ③　(3) ④　(4) ③　(5) ①

練習問題 4

次の対話を読み、（　1　）～（　5　）に入れるのにもっとも適切なものを、それぞれ右のページの①～④のなかから１つずつ選び、解答欄のその番号にマークしてください。（配点 10）

Mathilde : Salut, Thomas ! Comme tu es bronzé ! Tu es allé à la mer ?

Thomas : Mais non ! Je n'ai pas pris de congés. (　　1　　), je vais au bureau en traversant la rivière à la nage.

Mathilde : Tu vas au bureau à la nage ! (　　2　　) ?

Thomas : Avant, j'allais au travail en voiture, mais les embouteillages sur le pont, (　　3　　) ! En nageant, je vais non seulement plus vite, mais je me sens plus détendu*.

Mathilde : Mais, qu'est-ce que tu fais de tes vêtements et de ton ordinateur ?

Thomas : (　　4　　). Je mets tout dans un sac étanche**, avant de plonger dans la rivière.

Mathilde : Bravo, mais tout le monde doit te regarder d'un air bizarre. Tu ne te sens pas gêné ?

Thomas : (　　5　　) ! De plus en plus de mes voisins commencent à faire comme moi pour se rendre à leur travail.

*détendu：リラックスした
**étanche：防水の

(1) ① Autrement
② Évidemment
③ Malheureusement
④ Simplement

(2) ① Cette idée t'est venue comment
② Comment tu rentres chez toi
③ Où se trouve ton bureau
④ Tu pars à quelle heure

(3) ① ça m'étonnerait
② j'en ai eu assez
③ n'y compte pas
④ tout va bien

(4) ① Ce n'est pas la peine
② Il n'y a pas de quoi
③ Je ne sais pas
④ Pas de souci

(5) ① C'est tout
② Pas du tout
③ Tant pis
④ Tout à fait

(18 春)

解説 対話文の流れを追いながら、各設問のポイントを見ていきましょう。

(**1**) 日焼けしているのは海に行ったからなのかと尋ねる Mathilde に対して、Thomas は「ちがうよ！　休みは取らなかったもの」と応じています。そのうしろに第 1 の空欄があり、つづけて Thomas は「川を泳いで渡って会社に行ってるんだ」と説明していますから、この説明にうまくつながる表現を選択肢からさがせばよいでしょう。① Autrement「そうでなければ」、② Évidemment「もちろん」、③ Malheureusement「残念ながら」では会話の流れに合いませんから、正解は④ Simplement「ただ単に」だとわかりましたか。

(**2**) Mathilde は「泳いで会社に行ってるって！」と驚いてみせてから、第 2 の空欄に入る質問を発しています。Thomas は、以前は車で仕事に行っていたが、橋の上で渋滞がある、泳げば早いばかりでなくリラックスもできる、という趣旨の応答をしています。したがって Mathilde の質問は、泳いで通勤する理由を問うものであると推測できるでしょう。② Comment tu rentres chez toi「どうやって家に帰るの」、③ Où se trouve ton bureau「会社はどこにあるの」、④ Tu pars à quelle heure「何時に出発するの」は、いずれも不適切で、① Cette idée t'est venue comment「なんでそんなこと思いついたの」が正解です。

(**3**) Thomas が川を泳いで通勤するようになった理由を述べているところ、「でも橋の上で渋滞するのには」につづく言葉が第 3 の空欄に入ります。① ça m'étonnerait「まさかね」では意味をなしませんし、③ n'y compte pas「当てにしちゃいけないよ」、④ tout va bien「すべて順調」は、いずれも文脈からはずれています。文脈にあてはまる表現は、② j'en ai eu assez「うんざりした」です。

選択肢で使われている動詞 compter の用法を『ラルースやさしい仏仏辞典 Niveau 1』の項目で確認しておくとよいでしょう。例文（« Vous croyez pouvoir partir samedi, mais n'y comptez pas, il y aura tellement de monde que vous n'aurez pas de place dans le train. » など）だけでなく派生語の指示も熟読することをおすすめします。

(**4**) 「でも服やパソコンはどうするのよ？」と尋ねる Mathilde への Thomas の応答が、第 4 の空欄に入ります。つづけて Thomas は、「川に飛び込む前にぜんぶ防水バッグに入れるんだ」と言っていますから、泳ぐときに服もパソコンも問題なく運んでいることがわかります。①Ce n'est pas la peine「その必要はないんだ」、②Il n'y a pas de quoi「どういたしまして」、③Je ne sais pas「知らない」は、いずれも文脈から大きくはずれています。正解は、④Pas de souci「心配ないよ」です。

選択肢④で使われている pas de souci は、この場合のように相手を安心させるとき（« Ne t'inquiète pas » « Rassure-toi » で言いかえられます）以外に、相手から提案されたり頼まれたりしたことに承諾する場合（« Cela ne pose pas de difficulté » « Cela ne fait aucune difficulté » で言いかえられます）にも使われる表現です。日常的によく使われる表現ですから、身につけておくとよいでしょう。

(5) みんなが変な目で見るはずだから気詰まりではないのかと尋ねる Mathilde への Thomas の返答が、第 5 の空欄に入ります。つづけて Thomas は、「近所の人で、仕事に行くのにぼくと同じようにする人がだんだんふえてるんだ」と述べていますから、空欄に入れる語句としては、Mathilde の問いを否定する表現がふさわしいとわかるでしょう。①C'est tout「それだけだよ」、③Tant pis「仕方ないさ」、④Tout à fait「まったくだね」は、いずれも否定の表現になっていませんので、適切ではありません。したがって正解は、②Pas du tout「ぜんぜん」です。

解答　(1) ④　(2) ①　(3) ②　(4) ④　(5) ②

書き取り試験

書き取り dictée は実用フランス語技能検定試験ならではの問題です。2 級の書き取りは配点 14 点ということでもわかるとおり重視されています。フランス語の総合的な能力がためされるのですから当然と言えるでしょう。14-18 年度の平均得点率は 47%でした。

2 級の書き取りでは全文が 4 回読まれます。はじめの 2 回はふつうの速さで読まれるので、メモを取りながら全体の大意をつかむようにしましょう。3 回目で書き取りをおこないますが、そのときは意味のうえでまとまりのある語句ごとにポーズがおかれますから、あわてずに書いていきましょう。最後にもう 1 回ふつうの速さで全文が読まれるので、書き取った文章を見なおしてください。

書き取りでは、まず第 1 に聴取能力がためされます。どんな言語も母音と子音の連鎖です。その言語を知らない人は、それぞれの言語に特徴的なリズムとイントネーションを感じ取ることはできるでしょうが、意味を理解することはできません。訓練を重ねると単なる音の連鎖が分節化され、意味をもった単位の連鎖として聞き取れるようになるのです。

次に、この意味をもった単位を正しいつづりで書く能力がためされます。ここでは語彙と形態（モルフォロジー）、構文（統語、シンタックス）の知識を動員することが必要になります。もちろん正しい語彙、形態、構文で書き取るためには、読まれる問題文の意味が理解されていなければなりません。それが不明なままでは対処のしようがありません。つねに問題文の論旨と関連させながら、それにふさわしい語彙、形態、構文を推測していきます。

すでに「1 次試験の概要」（10 ページ）でも述べましたが、ほかの記述問題にも共通している次の 2 点は基本的な常識として守りましょう。

⑴ 文頭は**大文字**で始める。

⑵ **アクサン**は明確に書く（傾斜の向きがあいまいにならないようにする。アクサン・シルコンフレックスをはっきり屋根型にする）。

書き取りにおいてとくに注意すべき点としては、次の 3 点があります。

リエゾン (u*n an*cien ministre)

アンシェヌマン (u*ne é*cole)

エリジヨン (Je sais *qu'*elle *t'*en a parlé)

また、念のために付け加えますが、書き取りの約束事にも注意しましょう。

(1)「改行」の指示は « à la ligne » と言われます。

(2) 各種の句読点 (signes de ponctuation) も指示されます。句読点には次のようなものがあります。2 級ではそれほど複雑な句読点は使用されませんから、基本的なもの (point、virgule、point d'interrogation) を確実におさえておきましょう。

.　point

,　virgule

?　point d'interrogation

;　point-virgule

:　deux-points

!　point d'exclamation

...　points de suspension

—　tiret

言うまでもなく、« deux-points » と聞こえたら : を記すのであって、文字で deux-points と書いてはいけません。

引用符とカッコの指示も知っておくとよいでしょう。引用符 (guillemets) の指示は次のようになされます。指示されたとおりの向きで書きましょう。

«　Ouvrez les guillemets

»　Fermez les guillemets

同様に、カッコ (parenthèse) の指示も次のようになされます。

(　Ouvrez la parenthèse

)　Fermez la parenthèse

CD に録音されている以下の練習問題に挑戦してみてください。注意事項を読んでから指定された順序で録音を聞き、実際の試験のつもりで見なおしの時間を 3 分とってください。解いてみたあとに **解説** と **解答** を参考にして採点してみましょう。

練習問題 1

書き取り試験

注意事項

フランス語の文章を、次の要領で 4 回読みます。全文を書き取ってください。

・1 回目、2 回目は、ふつうの速さで全文を読みます。内容をよく理解するようにしてください。
・3 回目は、ポーズをおきますから、その間に書き取ってください（句読点も読みます）。
・最後に、もう 1 回ふつうの速さで全文を読みます。
・読み終わってから 3 分後に、聞き取り試験に移ります。
・数を書く場合は、算用数字で書いてかまいません。（配点 14）

（14 春）

［音声を聞く順番］ 01 → 01 → 02 → 01

解説 内容はさほどむずかしくありませんが、実際に書いてみると意外に手ごわい問題です。第 1 文から順に見ていきましょう。

第 1 文は直説法半過去を用いた単純な構造の文ですが、出題時にはつづりのまちがいが jolie と poupée に数多く見られました。女性名詞にかかる形容詞ですから *joli* としないように注意しましょう。

第 2 文では l'avait offerte の箇所で、助動詞として使われている avoir の直説法半過去 avait のつづりが正しく書けなかった受験者が出題時にいたほか（大過去にあまり慣れていないためでしょうか）、過去分詞の性数一致を忘れて *offert* とした答案が多く見られました。直接目的語の人称代名詞 l' が女性名詞 poupée をうけていることを理解し、過去分詞はそれに先行する直接目的語と性数一致するという文法の規則を思い出すことが、ここで正しいつづりを書くためには重要です。

同じ第 2 文の後半にある anniversaire のつづりもまちがえた受験者が出題時にはいました。*aniversaire*、*anniverssaire*、*aniverssaire* などとしないように気をつけましょう。

第 3 文では動詞 jouer の直説法半過去 jouais に苦労した受験者が出題時には多くいました。つづりをまちがえて *joueai* とした答案以外に、別の時制と混同して *joue*、*joué* などと書いたものが見られました。動詞の活用は繰り返し手で書いて練習するほかありませんので、日ごろから意識的に訓練してください。そうすることで自然に正しいつづりが書けるようになるでしょう。

第 4 文では des histoires のところを *histoire* と書いた受験者が出題時にはいました。des は書き取れているのに、それにつづく名詞を単数にしているのは初歩的なミスでしょう。基本的な文章の作り方を思い出して、自分の書き取ったものを見なおすことでこのようなまちがいは避けられるはずです。

第 5 文では je lui apprenais の箇所がやっかいだったようです。1 人称にせずに *apprenait* とした答案や、つづりをまちがえて *apprennais*、*appróné*、*appornais* などと書いた答案が出題時には少なくありませんでした。また代名詞 lui をまちがえて *vis*、*mis*、*vie* などと書いた答案もありました。前後の文脈をよく見て、人称は何が要求されているか、代名詞として何が必要かを確認すると同時に、apprendre のような p がふたつある動詞の活用を書く練習を日ごろからしておくと、このような出題のときに迷わずにすむでしょう。

第６文では j'ai eu のところで代名詞を大文字にしないように気をつけましょう。je が大文字になるのは文頭だけですから、このような基本的なところでミスをしてはいけません。

第７文では a donc été のところが意外にむずかしいようです。出題時には過去分詞 été を *étais* と書いた受験者がいたほか、donc を聞き取れずに *donné*、*donqué*、*danquer* などとした答案がありました。

『ラルースやさしい仏仏辞典 Niveau 1』の donc の項をひき、そこにあげられている例文（« Pierre est malade, il ne pourra donc pas venir demain. » « Vous m'avez interrompu ; je disais donc que... » など）を声に出して読み、どのような使い方があるか、それらが身についているか、確認してみることをおすすめします。このような短い単語であっても文章のつなぎとしては重要です。

同じ第７文にある形容詞 première のつづりが正しく書けなかった受験者も散見しました。形容詞 premier の女性形は基本的な事項ですから、記憶があいまいな場合には文法書、辞書などで再確認しておきましょう。

第８文では lui a arraché の箇所で、助動詞 a を聞きおとしてしまったり、過去分詞 arraché が正しく書けなかったりした受験者が出題時には多くいて、半過去 *arrachait* にしてしまったり、つづりをまちがえて *araché*、*alaché* などと書いたりした答案がありました。文頭に Un jour「ある日」ときた段階で、何か出来事が起こったのだろう、直説法複合過去が使われるだろうと予想しながら聞くと書き取りがしやすくなるのではないでしょうか。

第９文では形容詞 furieuse が正しく書けなかった答案が出題時にはめだちました。単語自体があまりなじみがないのかもしれませんが、そうであれば『ラルースやさしい仏仏辞典 Niveau 1』の furieux の項をひき、そこに載っている例文（« Paul est furieux d'avoir cassé ses lunettes. » « Attends de voir Marie, elle est furieuse contre toi. » など）を読んだり、解説を熟読したり、派生語 fureur を使った言いかえの文（« Pierre est tout à fait furieux → Pierre est dans une grande fureur. »）を自分でも使えるか確認したりしてみるとよいでしょう。

最後の文の後半にある je ne lui ai pas parlé の箇所はきちんと書けたでしょうか。出題時には助動詞 ai を聞き取れなかった答案が少なくありませんでした。目的語代名詞をふくむ複合過去の否定文について、その語順がしっかり頭に入っているか確認することをおすすめします。

また、pendant une semaine のように期間を表わす表現が過去のことを語る文で使われる場合、動詞は直説法半過去ではなく複合過去であることも再確認してください。出発点と終点がはっきりしているような場合（« de deux heures à minuit » など）も同様です。

解答（読まれる文） Quand j'étais petite, j'avais une jolie poupée. Mon grand-père me l'avait offerte pour mon anniversaire. Je jouais toujours avec elle. Je lui racontais des histoires. Je lui apprenais à chanter ou à danser. Comme ça, j'ai eu envie de devenir professeur. Ma poupée a donc été ma première élève. Un jour, mon frère lui a arraché le bras. J'étais furieuse et je ne lui ai pas parlé pendant une semaine.

練習問題 2

書き取り試験

注意事項

フランス語の文章を、次の要領で 4 回読みます。全文を書き取ってください。

・1 回目、2 回目は、ふつうの速さで全文を読みます。内容をよく理解するようにしてください。
・3 回目は、ポーズをおきますから、その間に書き取ってください（句読点も読みます）。
・最後に、もう 1 回ふつうの速さで全文を読みます。
・読み終わってから 3 分後に、聞き取り試験に移ります。
・数を書く場合は、算用数字で書いてかまいません。（配点 14）

（15 秋）

［音声を聞く順番］ 03 → 03 → 04 → 03

解説 50年間食料品店を村でしていて、引退したばかりの87歳の老女の話です。第1文から順に見ていきましょう。

第1文では、まず87 ansという年齢が出てきています。受験者にとってはさほどむずかしくはないでしょうが、あえて文字で書こうとしてかえってまちがえる場合があります。数字を聞き取ることは日常生活でも旅行などでも重要ですから、よく練習しておく必要があります。

同じ第1文の後半では、「引退」を意味するma retraiteが問題になります。これはprendre sa retraite「引退する、退職する」という表現でよく使われるものですが、出題時には意外につづりが正しく書けず、ma *retrait*などと書いてしまった受験者がいました。

第2文では動詞の部分j'ai ouvertが正しく書けているでしょうか。出題時には*ouverte*、*ouver*など、つづりをまちがって書いたケースが見られました。ouvrirの活用は基本的なものですから、この場合のように複合過去だけでなく、ほかの時制もこの際、再確認しておくとよいでしょう。日ごろから手で書いて覚えておく必要があります。

同じ第2文にある名詞épicerieは若干むずかしいかもしれません。出題時にはつづりが正しく書けていない答案が少なくありませんでした。基本的な単語ですから、どういう意味か『ラルースやさしい仏仏辞典Niveau 1』のépicerieの項をひいてみるとよいでしょう。どのような品物が売られている店だと説明されているかわかりますか。

第4文ではle mois dernierのなかの形容詞dernierが意外に問題になるところです。不要なアクサン記号をつけて*dernièr*、*dérnier*とするなど、つづりが正しく書けなかったり、女性形*dernière*にしてしまったりした受験者が出題時には少なくありませんでした。この形容詞は男性形と女性形のつづりと発音を日ごろから意識しておかないと、うっかりまちがえてしまいがちです。

同じ第4文の前半の節の主語にあたるma vendeuseが女性名詞であることは聞いてすぐに理解できるでしょうか。出題時には*vandeuse*、*vondeurse*といったつづりを書いてしまった答案が見られました。また、男性形*vendeur*と書かないように気をつけましょう。そこがきちんと把握できていないと、動詞est partieの過去分詞に女性形のeをつけることができません。実際、男性形*parti*を書いた答案が出題時にはめだちました。

第4文の最後に、前置詞pourでみちびかれる不定詞に直接目的の代名詞がついた la remplacer があります。この代名詞のように短い単語は、正確に書き取るのに苦労するものです。実際、la を書いていない答案が出題時には見られました。一度書いた文章を読みなおし、文意がとれるかを確認し、文法の知識を総動員しながら推敲していくとよいでしょう。他方、la は書けても remplacer のつづりが正しく書けなかった受験者も少なくありませんでした（誤答は *remplacée*、*remplaser* など）。基本的な動詞ですから、日ごろからつづりは手で書いて身につけておきましょう。

第５文でも動詞の部分がむずかしいかもしれません。devoir の複合過去 j'ai dû を使って j'ai dû fermer と書かないといけないのですが、過去分詞 dû を聞き取れずに j'ai *fermé* などと書いてしまった答案が出題時にはめだちました。短い単語でも無視せずに正確に書き取るように注意する必要があります。

第６文では、基本的な形容詞 content が語り手（女性）に合わせて女性形 contente になっていることはすぐに聞き取れたでしょうか。語末の発音が男性形と女性形でちがいますから、この区別はさほどむずかしくはないはずです。出題時にはそれでも *content* という誤答がありました。

第７文では、基本的な動詞 prendre の直説法現在１人称単数 prends が正確に書けているでしょうか。語末の s を忘れないようにしましょう。この機会に prendre の活用を見なおすことをおすすめします。

同じ第７文にある副詞句 tous les matins は基本的な表現ですから、だれもがよく使っているはずですが、つづりを書くときに意外にまちがえてしまう受験者が出題時にはいました（誤答は tous les *matin*、*tout* les *matin* など）。すべて複数であることを忘れないようにしましょう。

第７文の最後にある名詞 voisines は、女性複数ですから、女性形の e と複数形の s を忘れてはいけないのですが、これも苦労した受験者が出題時には若干いて、*voisins*、*voisine* などと書いた答案が見られました。第６文の content、contente と同じように voisin、voisine は男性形と女性形で音がちがいますから、聞き取って区別するのは容易なはずです。

最後の文では、主語と同格で使われている不定代名詞 tout の女性複数形 toutes が正確に書けるでしょうか。*tout* と書いたり、*toute* と書いたりした答案が出題時にはめだちました。

『ラルースやさしい仏仏辞典 Niveau 1』の tout の項は長いですが、よく読んでみるとよいでしょう。この単語は知っているつもりでも使いこなすのが意外にむずかしいものです。例文（« Il croit tout savoir, mais il ne sait rien. » « J'étais tellement fatiguée que je me suis couchée tout habillée. » など）と解説を熟読し、自分で正しく使えるようにしてください。

解答（読まれる文） J'ai 87 ans et je viens de prendre ma retraite. Il y a 50 ans, j'ai ouvert une épicerie dans mon village. J'ai toujours aimé travailler. Mais le mois dernier, ma vendeuse est partie à la ville et je n'ai trouvé personne pour la remplacer. C'est pour cela que j'ai dû fermer le magasin. Maintenant, je suis contente. Je prends un café tous les matins avec mes voisines. Ce sont toutes d'anciennes clientes.

練習問題 3

書き取り試験

注意事項

Martine の話を、次の要領で 4 回読みます。全文を書き取ってください。

・1 回目、2 回目は、ふつうの速さで全文を読みます。内容をよく理解するようにしてください。

・3 回目は、ポーズをおきますから、その間に書き取ってください（句読点も読みます）。

・最後に、もう 1 回ふつうの速さで全文を読みます。

・読み終わってから 3 分後に、聞き取り試験に移ります。

・数を書く場合は、算用数字で書いてかまいません。（配点 14）

（16 春）

［音声を聞く順番］ 05 → 05 → 06 → 05

解説 老人ホームでヘルパーをしてきたMartineの話です。女性が語っていることに注意しながら、第1文から順に見ていきましょう。

第1文は複合過去を用いた単純な構文になっています。話し手は老人ホームで長らく働いてきたことがわかります。30 ans の箇所は算用数字を使ってかまいませんので、出題時にはよく書き取れていましたが、アルファベで書いた答案のなかには trente とせず *trent*、*trante*、*tronte* などとつづりをまちがえているケースも見られました。

第2文は、すべて正しく聞き取るのが意外にむずかしいところです。まず d'aider は、〈de +母音字で始まる語〉でエリジヨンがおこなわれること、前置詞 de のあとの動詞は不定詞になることにまで理解がおよんで正確に書けるでしょうか。

同じ第2文の personnes âgées の箇所は、リエゾンがおこなわれていると聞き取りにくいかもしれませんが、personnes との性数一致はできましたか。出題時には *âgé*、*âgée*、*âgés* などの誤答が多く見られました。

第2文の後半にある à prendre は *apprendre* と取りちがえかねないところで要注意です。この文では、aider qqn à + inf.「…が～するのを助ける、手伝う」の構文が用いられています。こうした基本的な動詞の使い方をきちんと身につけていることが、文全体を正確に聞き取ったり書き取ったりするためには必要です。

この機会に『ラルースやさしい仏仏辞典 Niveau 1』の aider の項をひいて例文（« Tiens, prends ces cachets, ça t'aidera à dormir. » など）と説明を熟読するとよいでしょう。

第3文では、まず過去分詞 intéressée の正しいつづりが書けているかどうかがポイントです。話し手が女性であることに意識がおよばないと、主語の je との性数一致を忘れ、女性形の e を脱落させて *intéressé* と書いてしまいます。出題時には *interesse*、*intéresse*、*intéresseé* といったアクサンの書きおとしやつけまちがいもめだちました。こうした基本的な単語のつづりは正確に書けるようにしておく必要があります。

同じ第3文の後半にある vieilles も personnes に合わせて女性複数形にすべきところですから、複数形の s を脱落させて *vieille* と書かないように気をつけましょう。

第4文では、まず pas aimé の箇所でリエゾンがおこなわれているのを正しく聞き取らなければなりません。出題時の誤答としては *aimer* と不定詞にしたものが多く見うけられたほか、pas を書きおとした答案も少なくありませんでした。

同じ第 4 文の ce métier の箇所は、代名動詞の不定詞と誤認して *se* métier（こういう動詞は存在しませんが）などと書いた受験者が出題時にはいました。

第 4 文の主節にある条件法過去は手ごわいかもしれませんが、l'aurais abandonné の箇所は正しく書き取れましたか。助動詞と過去分詞の形をまちがえないように気をつけましょう。こまかいところですが、目的語人称代名詞 l' を脱落させないという配慮も必要です。

第 5 文は単純な構文ですので、difficultés を正しくつづれるかどうかがポイントになってきます。出題時には複数形の s を落として *difficulté* とした誤答が多くありました。それ以外に *difficulte*、*difficulités* といったつづりの誤りをおかしている答案もありました。日ごろから手を使って書く練習をすべきでしょう。

第 6 文のポイントは、en fin de vie の箇所でしょう。*enfin*、*au* fin、*au fond* などのミスをしないように気をつけてください。

第 7 文の末尾 dure épreuve の箇所は、épreuve という名詞に思いいたらないとむずかしいかもしれません。形容詞は、アンシェヌマンにまどわされて男性形の *dur* にしてはいけません。

『ラルースやさしい仏仏辞典 Niveau 1』の épreuve の項をひくと、この名詞の意味が 2 つに分類されており、いくつもの例文（« Il a abandonné le concours dès la première épreuve ! » « La mort de son père a vraiment été pour lui une dure épreuve. » など）でそれがよく理解できるように工夫されているのがわかるでしょう。熟読してみてください。

解 答（読まれる文） J'ai travaillé pendant 30 ans en maison de retraite. Mon travail était surtout d'aider les personnes âgées à faire leur toilette, à prendre leurs repas. J'ai toujours été intéressée par le contact avec les vieilles personnes. Si je n'avais pas aimé ce métier, je l'aurais abandonné très tôt. Mais il y avait aussi des difficultés. Le plus difficile, c'était d'être avec des personnes en fin de vie. Chaque fois, la mort était une dure épreuve.

練習問題 4

書き取り試験

注意事項

フランス語の文章を、次の要領で4回読みます。全文を書き取ってください。

・1回目、2回目は、ふつうの速さで全文を読みます。内容をよく理解するようにしてください。
・3回目は、ポーズをおきますから、その間に書き取ってください（句読点も読みます）。
・最後に、もう1回ふつうの速さで全文を読みます。
・読み終わってから3分後に、聞き取り試験に移ります。
・数を書く場合は、算用数字で書いてかまいません。（配点14）

（17秋）

［音声を聞く順番］ 07 → 07 → 08 → 07

解説 親友の Olivier が誕生日に母親から意外なプレゼントをもらった話です。前半から後半にかけて文が長くなっていきますが、落ちついて書き取ることを心がけてください。第 1 文から順に見ていきましょう。

第 1 文ではとくにむずかしい箇所はないでしょう。bon の最上級は定冠詞をつけて le meilleur となりますが、所有形容詞 mon があるために le は省略されて mon meilleur ami となっているという文法事項をこの機会におさえておくとよいでしょう。出題時の誤答としては名詞を女性形にして meilleur *amie* と書いてしまった答案が散見しました。

第 2 文ではまず avoir の複合過去 a eu の活用をまちがえないように注意しましょう。このような基本的な動詞の活用はむずかしくないはずですが、書き取るとなると意外にできない受験者が少なくありません。出題時の誤答としては過去分詞を省略して a だけ書いた答案がありました。

同じ第 2 文にある「11 歳」を意味する onze ans はきちんと書けましたか。もちろん算用数字を使って 11 ans としても正解です。この文の最後にはもうひとつ数字があり、「1 週間」を意味する huit jours が問われています。これも算用数字を使って 8 jours としてかまいません。このような数字をふくむ箇所は大半の受験者には容易に書き取れるところですが、huit *jour* と名詞の単数形を書いてしまった受験者が出題時には見られました。

第 3 文では動詞の不定詞 offrir は正確に書けたでしょうか。ふだんなら書ける単語でも試験となるとうっかりまちがえて *offrire*、*ofrir* などと書いた答案が出題時には見られました。日ごろからなるべく手を使ってつづりを書く練習をするとよいでしょう。offrir の直前にある人称代名詞 lui は短い単語であるために書き忘れる受験者が少なくありません。きちんとした文ができあがるためにはこのような単語もおろそかにしてはいけません。

同じ第 3 文には基本的な形容詞である beau もふくまれていますが、これをきちんと書けずに、*bon* など別の形容詞を書いた答案が出題時にはありました。

第 4 文は急に長くなってとまどうかもしれませんが、落ちついて書き取りましょう。まず最初の動詞の部分 Elle est allée はまちがいなく書けたでしょうか。過去分詞が主語に一致して女性形になるところですが、男性形単数 *allé* にした答案が出題時には見られました。過去分詞の性数一致はミスをしがちな箇所ですから、日ごろから注意する必要があります。記憶があいまいな場合には基本的な規則を文法書などで再確認しておきましょう。

同じ第 4 文で choisir の目的語の deux laines はむずかしかったようで、出題時には空白にしてしまった答案や、*laine* と単数にした答案、つづりをきちんと書けなかった答案（誤答としては *leine*、*reine* などがありました）、あるいはまったくちがう単語を書いた答案が散見しました。

第 4 文の後半では un pull bleu が正確に書き取るのに苦労する箇所でしょう。pull がわからずに *peu*、*plus* などと書いた受験者、bleu を英語に影響されて *blue* と書いた受験者などが出題時には少なからずいました。

第 4 文の最後にある des manches blanches も、manches を正しく書けなかった答案、複数形 manches blanches になるところを s を忘れて *manche blanche* と書いた答案が出題時にはありました。不定冠詞 des の存在に気づけばそのようなミスはしないですむはずです。

第 5 文も長いですが、切れ目を確認しながら落ちついて書きましょう。最初のジェロンディフ En voyant は、前後の意味から判断すればこの形になるとわかるはずですが、En *voyons* としたり、1 語にして *Envoyant* と書いたりした受験者が出題時には散見しました。複数の可能性が考えられる場合、文脈からどれが最適かを見きわめなくてはなりません。

同じ文の d'anniversaire のところは、エリジョンがあることをきちんと理解すればむずかしくないはずですが、d' を書き取れない答案が出題時にはありました。また、*aniversaire* などのつづりまちがいも少なくありませんでした。

動詞の部分、j'ai été surpris は受動態の複合過去であると、とっさにわからないと正しく書き取れない箇所です。過去分詞 surpris をまちがって *surprise*、*suprise*、*pris* などと書いた答案が出題時にはありました。

comme につづく le mien という所有代名詞の部分は問題なく書けたでしょうか。所有代名詞であるとわからずに別の単語を書いてしまったり、定冠詞 le があるにもかかわらず複数形にして le *miens* と書いたりした受験者が出題時にはいました。

最後の感嘆符まできちんと書き取る集中力が必要です。

解答（読まれる文） Olivier est mon meilleur ami. Il a eu onze ans il y a huit jours. Sa mère voulait lui offrir un beau cadeau pour son anniversaire. Elle est allée dans un magasin pour choisir deux laines de couleurs différentes et elle a fait un pull bleu avec des manches blanches. En voyant Olivier à sa fête d'anniversaire, j'ai été surpris, parce que son pull était exactement comme le mien : nous étions comme deux frères !

練習問題 5

書き取り試験

注意事項

花屋 (fleuriste) の Naomi についての文章を、次の要領で 4 回読みます。全文を書き取ってください。

・1 回目、2 回目は、ふつうの速さで全文を読みます。内容をよく理解するようにしてください。

・3 回目は、ポーズをおきますから、その間に書き取ってください（句読点も読みます）。

・最後に、もう 1 回ふつうの速さで全文を読みます。

・読み終わってから 3 分後に、聞き取り試験に移ります。

・数を書く場合は、算用数字で書いてかまいません。（配点 14）

（18 春）

［音声を聞く順番］ 09 → 09 → 10 → 09

解説 1文ずつ順に見ていきましょう。

第1文は直説法現在を用いた単純な構文になっています。Naomiは小さな町の花屋である、と述べているだけです。ポイントはdans uneの箇所のリエゾンを把握できているかどうかでしょう。出題時には多くの受験者が正確につづっていましたが、なかにはdans *un*と不定冠詞を男性形にした誤答や、dans *la*と定冠詞を書いた誤答も見うけられました。

第2文も直説法現在の単純な構文ですが、「毎日」という意味のtous les joursのつづりをまちがえた答案が出題時には散見しました。ここは形容詞のtoutが名詞joursに性数一致して複数形のtousになります。語末の子音字sは無音です。性数一致をまちがえて*tout* les joursや*toutes* les joursとしたり、名詞の複数形のsを落としてtous les *jour*としたり、あるいは単語をとりちがえて*toujours*と書いたりした誤答がありました。

同じ第2文の後半にあるà Noëlでは、直前のmêmeとのアンシェヌマンと混同したためか、*ma* Noëlとした誤答が出題時にはめだちました。また、*Nöel*のようにトレマの位置をまちがえている答案も少なくありませんでした。

第3文では直説法半過去が用いられていますが、まずリエゾンのあるQuand elleの箇所を確実に聞き取っておかないと、文意を正しく理解することはできません。ここを*Comme* elle、*Quant* elleとしたり、文頭の大文字を忘れて*quand* elleとしたりした答案が出題時には見られました。

同じ第3文の後半にあるelle aimaitの箇所では、elle *aime*と書いて時制をまちがえた誤答がめだった一方で、elle *est*やelle *m'est*のように動詞そのものをとらえそこなっている受験者も出題時には散見しました。

第4文では主語のSes parentsを、*Ces* parents、*C'est* parentsのように書いた誤答が出題時には少なくありませんでした。所有形容詞をとらえそこなっているということは、文章全体の流れを理解していない証拠と言えましょう。

同じ第4文にあるeux-mêmesにいたっては、出題時に正しくつづった受験者はごくわずかで、*eu même*、eux *même*、eux-*même*、*même*、*où même*、*ou même*といった誤答が続出しました。

第5文では、リエゾンのあるles aiderの箇所を聞き取れなかった受験者が出題時には多かったようで、空白にしてある答案が多くありました。ほかに、*aller s'*aider、*s'*aider、*l'*aider、les *aidés*、*laisser*といった誤答がありました。まずもって文章全体の流れを把握していないと、目的語人称代名詞の正しい理解はおぼつきません。

第 6 文では、複合過去に置かれた動詞 sont partis の箇所に注意しましょう。助動詞に être が用いられていますので、過去分詞は主語 ils と性数一致を起こします。ここを *parti*、*parties*、*partir*、*partient* などとしてはいけません。

同じ第 6 文にある à la retraite の箇所は、出題時にはこの表現を知らなかった受験者が多かったためか、空白になっている答案がめだちました。また、retraite を *retrait*、*retret*、*retrette*、*autret* などとしたつづりのまちがいも多く見うけられました。

『ラルースやさしい仏仏辞典 Niveau 1』の retraite の項を見ると、« M. Dubois ne travaille plus ici ? — Non, il est à la retraite depuis un mois. » という例文が載っています。問題文のように partir à la retraite とすると、「退職する、引退する」という意味になります。

第 7 文では、まず所有形容詞の leurs を正しく書いた答案が出題時には少なく、単数形の *leur* になっている誤答が多くありました。また、定冠詞の *les* や *le* を書いた誤答もありました。

第 7 文の最後にある所有代名詞の les siens をきちんと書き取った答案も出題時には同じくらい少なく、女性形にした les *siennes* という誤答はまだいいほうで、les *chiens*、les *chien*、*le chien* とした誤答が大半を占めました。お客さんが犬になってどうするというのでしょうか。

第 8 文では、de bonnes relations の箇所にまちがいが出題時には集中しました。複数形の名詞の前に形容詞が置かれると、不定冠詞の des は de になります。逆に言えば、de が出てきたら、あとの形容詞と名詞はともに複数形だと考えればよいのです。ところが、この箇所を de *bonne* とした誤答が大半を占めました。ほかに、形容詞が男性単数になっている de *bon* や、不定冠詞を落とした *bonne relation* などの誤答がありました。

第 8 文の最後の avec eux は出題時には多くの受験者が正しく書き取っていましたが、なかには eux を欠いて avec で終わっていたり、 avec *elles*、avec *une* としている答案も見られました。

解答（読まれる文） Naomi est fleuriste dans une petite ville. Elle travaille tous les jours, même à Noël. Quand elle était petite, elle aimait la nature et les fleurs. Ses parents étaient eux-mêmes fleuristes. Elle a commencé à les aider dans leur boutique à 14 ans. Quand ils sont partis à la retraite, elle a repris leur magasin. Ainsi leurs clients sont devenus les siens. Elle a réussi à garder de bonnes relations avec eux.

練習問題 6

書き取り試験

注意事項

フランス語の文章を、次の要領で 4 回読みます。全文を書き取ってください。

・1 回目、2 回目は、ふつうの速さで全文を読みます。内容をよく理解するようにしてください。

・3 回目は、ポーズをおきますから、その間に書き取ってください（句読点も読みます）。

・最後に、もう 1 回ふつうの速さで全文を読みます。

・読み終わってから 3 分後に、聞き取り試験に移ります。

・数を書く場合は、算用数字で書いてかまいません。（配点 14）

（18 秋）

［音声を聞く順番］ ⓫ → ⓫ → ⓬ → ⓫

解説 レストランを経営する André Martin の話です。落ちついて書き取ることを心がけてください。第 1 文から順に見ていきましょう。

第 1 文ではとくにむずかしい箇所はないでしょうが、「105 歳」を意味する 105 ans という年齢にはとまどった受験者が出題時には少なくなかったようです。数は算用数字で書いてかまいませんが、cent cinq と文字で書いても正解です。ただし無理に文字で書こうとしてまちがえないようにしてください。

第 1 文の後半にある je tiens のところでは、動詞 tenir の活用をまちがえて je *tient* などと書いた答案が出題時には散見しました。動詞の活用は日ごろから手を使って練習していないと正確に書けないものです。また、je tiens と un restaurant の間に前置詞 *à* を入れた受験者もいましたが、tenir はここでは他動詞として「～を経営する」の意味で使われていると理解できればそのようなまちがいはしないですむでしょう。

第 2 文ではまず、Je l'ai ouvert のところで人称代名詞 l' を忘れずに書けたでしょうか。こまかいところであっても文をきちんと作るには必要な要素ですから、おろそかにしないように気をつけましょう。ouvert という過去分詞ももちろん正確に書かなくてはいけません。つづりをまちがえて *ouver*、*ouvret* などと書いた答案が出題時には見られました。

おなじく第 2 文には en face du lycée のところで、du を *de* と書いてしまった受験者が出題時にはいました。en face de という前置詞句のうしろに定冠詞のついた名詞があらわれているわけですから、縮約が起こるのだと理解することはむずかしくないはずです。lycée のつづりもうっかり語末の e を忘れて *lycé* などと書いた答案がありました。

第 2 文のそれにつづく部分では、関係代名詞 où にきちんとアクサンをつけるのを忘れないようにしましょう。出題時には *ou* と書いた受験者がいましたが、それでは「あるいは」を意味する接続詞になってしまいます。発音は同じですから、文の構造を考えてどちらが適切であるかを判断しましょう。

第 2 文の最後にある動詞 travaillait がきちんと直説法半過去 3 人称単数になっているかどうか、自分で書いたあとにチェックすることをおこたらないでください。現在形 *travaille* を書いた答案や、音が似ている過去分詞 *travaillé* を書いた答案が出題時には散見しましたが、それでは正しい文にはなりません。

第 3 文では冒頭の副詞句 Au début は正確に書けたでしょうか。文頭を大文字で始める、アクサンの向きははっきりわかるように書くという基本的な注意をおろそかにしないでください。出題時の誤答としては Au *debout* などがありました。もちろん、この副詞句のあとに virgule があることも忘れずに書き取らなくてはいけません。

第 3 文の後半では、les gens restent の箇所で動詞を主語に合わせて 3 人称複数にきちんと書くことができましたか。うっかり単数形にして *reste* と書いてはいけません。

同じ節にある形容詞 fidèles も主語に合わせて複数形にすべきところですが、出題時には語末の s を忘れた答案がありました（単語のつづりをまちがえて *fideles*、*fidelles* などと書いた受験者もいました）。形容詞の性数一致は基本的な文法事項ですがつい忘れがちです。日ごろから注意することをおすすめします。

ここで使われている fidèle の用法については、筆記試験 2 の**練習問題 4** (2)の解説を参照してください（46 ページ）。

おなじく第 3 文の最後にある leurs habitudes においても、複数の s を忘れて leurs *habitude*、*leur* habitudes、*leur habitude* などと書いた答案が出題時には散見しました。リエゾンの音をよく聞き、名詞が単数なのか複数なのかを判断して書き取る練習を日ごろからしていればこのような箇所でまちがわずにすむでしょう。

第 4 文では「～のおかげで」を意味する前置詞句 grâce à が使われています。みちびかれる名詞がいくつもある場合、この熟語のなかにある前置詞 à は繰り返されますから、et à ses collègues の箇所で前置詞を省略しないように気をつけましょう。もちろん接続詞 et も短い単語ですがきちんと書き取る必要があります。ses collègues を *ces* collègues と書いた答案が出題時にはありましたが、ここでは「私の妻と彼女の同僚たちのおかげで」という意味で解釈するのが適切ですから、所有形容詞 ses でなければいけないと判断すべきでしょう。

第 4 文でそのあとにある j'ai réussi も、動詞の活用がきちんとできていない答案が出題時にはありました。日ごろから手を使って活用の練習をしていないと受験の際にまちがえてしまうものです。

同じ第 4 文でつづく箇所にある副詞句 petit à petit はよく知っている表現でしょうから書き取るのはむずかしくはないでしょう。真ん中にある前置詞 à をまちがえてアクサンなしで petit *a* petit としないように気をつけましょう。

そのあとの à les attirer は、出題時に苦戦した受験者が少なくなかったようです。動詞 réussir のうしろに不定詞をつける場合には前置詞 à が必要であることは知識として知っているはずですが、間に petit à petit が入っていたために前置詞を忘れてしまった答案がありましたし、人称代名詞 les をきちんと理解して書き取っていない答案もありましたし、動詞 attirer がわからなかったと思われる答案も見られました。語彙と文法の知識を総動員して正確な文を書き取る練習を日ごろからしておくとこのような箇所でまちがえることは避けられるでしょう。

第 5 文は短いですし文意も明快でしょうからさしてむずかしくはないはずですが、il n'y a eu のところでうっかり pas を入れてしまったり、過去分詞 eu をきちんと書けなかったりした受験者が出題時にはいました。うしろに aucun がある以上、pas は不要だということを自分でチェックできる必要があるでしょう。

この aucun に、複数形の s をつけて *aucuns* とした答案がありましたが、この不定形容詞は単数形で使うのが原則で、複数形で使うのは複数形しかない名詞（fiançailles など）を修飾する場合に限られるという規則があります。したがって、最後の名詞 problème を *problèmes* としてはまちがいです。

解答（読まれる文） Bonjour, je m'appelle André Martin, j'ai 105 ans et je tiens un restaurant. Je l'ai ouvert il y a 77 ans en face du lycée où ma femme travaillait. Au début, ce n'était pas facile car, dans notre quartier, les gens restent en général fidèles à leurs habitudes. Mais, grâce à ma femme et à ses collègues, j'ai réussi, petit à petit, à les attirer dans mon restaurant. Ensuite, il n'y a eu aucun problème.

聞き取り試験

1

一定の長さのテキスト（インタビュー形式であることが多いですが対話の場合もあります）とそれについての5つないし6つの質問をまず聞きます。テキストがもう1回流れたあと、質問がふたたび聞こえてくるので、問題冊子に提示されている答えの空欄をうめて完成する形で解答します。それぞれの空欄には1語入ります。解答はもちろん、解答用紙の該当箇所に記入します。答えを書く時間は1問につき10秒です。最後にもう1回、テキストが流れます。指示文には「数を記入する場合は、算用数字で書いてください」とありますから、算用数字で書いてください。文字で書くと語数の数え方で混乱しますし、かえってまちがえてしまう可能性があります。配点8。

記述式であるため、14-18年度の平均得点率は38％と、あまり高くはありません。

この問題を解くときのポイントは、聞こえてくる質問に対する答えが問題冊子にあらかじめ提示されているので、その答えを読んでおくことです。そうすれば、聞こえてくるテキスト（インタビューないし対話）と質問の内容を推測することもでき、聞き取りが楽になるでしょう。

そういった準備をしたあと、まず1回目に聞こえてくるテキスト（インタビューないし対話）の内容をおおづかみに聞き取るようにします。どんな状況か、登場するのはどんな人物か、何が話題になっているか、どのような出来事が語られているのか、などです。

その内容についての質問を聞きながら、問題冊子に提示されている答えの空欄に入る解答になりそうな要素をメモしましょう。

2回目にテキスト（インタビューないし対話）を聞くときは、聞き取った質問の内容に焦点をしぼって、メモした解答が適切かどうか点検します。

そして3回目のテキスト（インタビューないし対話）を聞いて確認します。

解答はテキスト（インタビューないし対話）のなかで使われている語句をそのままの形で記入すればよいものが多いとはいえ、動詞や形容詞を名詞に変えるとか、逆に名詞を動詞に変える、あるいは聞いた話の一部を書きかえて答えなければならない場合もあります。

たとえば、過去に出題された問題から例をあげてみます。インタビューのなかで、あるウォーキングを組織したRogerという人が次のように話しています。

Je m’étais un peu inquiété de la météo, mais il a fait assez beau.

「天気を少し心配していましたが、けっこういい天気でした」という意味ですね。これについて次のような質問がされました。

Dimanche dernier, de quoi Roger s’était-il inquiété avant la marche ?

「先週の日曜日、ウォーキングの前にRogerは何を心配していましたか」という意味であることはすぐにわかるでしょう。問題冊子に印刷されている答えは次のようになっていました。

Il s’était inquiété du (　　　　) qu’il ferait.

つまり、duがあることから考えて、空欄には女性名詞ではなく男性名詞を入れないといけないわけです。インタビューで使われていたla météoではないとなると何が入るでしょうか。空欄につづくqu’il feraitとともに使えるものをさがして、le tempsがふさわしい、したがって空欄にはtempsが入るとすぐにわかるでしょうか。

インタビューまたは対話の内容をいくらか言いかえる必要があるかどうかは、空欄の前後をよく見て、品詞は何が要求されているか、名詞の場合に男性名詞か女性名詞か、動詞の場合に活用形は何がふさわしいか、形容詞や過去分詞の場合に性数一致はどのようになされるべきかといったことに注意して判断しましょう。

そのような点に留意しながら、以下に取り上げた問題に挑戦してみてください。解いたあとに「読まれるテキスト」と「読まれる質問」を参照しつつ、**解説**と**解答**を参考にしてください。問題のなかで使われた重要な単語や表現については補足的な説明もつけてありますので、フランス語の運用能力を高めるのに役立ててください。

練習問題 1

・まず、牛飼い (vacher) の Xavier へのインタビューを聞いてください。
・続いて、それについての 5 つの質問を読みます。
・もう 1 回、インタビューを聞いてください。
・もう 1 回、5 つの質問を読みます。1 問ごとにポーズをおきますから、その間に、答えを解答用紙の解答欄にフランス語で書いてください。
・それぞれの（　　）内に 1 語入ります。
・答えを書く時間は、1 問につき 10 秒です。
・最後に、もう 1 回インタビューを聞いてください。
・数を記入する場合は、算用数字で書いてください。
（メモは自由にとってかまいません）（配点 8）

［音声を聞く順番］ ⓭→⓮→⓭→⓯→⓭

(1) C'est d'être à l'(　　　　) avec les vaches.

(2) Parce que les (　　　　) sont longues et qu'on doit bien (　　　　) le troupeau.

(3) Il faut (　　　　) beaucoup de choses sur la (　　　　) des vaches.

(4) Il le considère comme le (　　　　).

(5) Il (　　　　) ses meilleures vaches dans le plus grand (　　　　) de la région.

（14 春）

（読まれるテキスト）

La journaliste : Être vacher, c'est aimer les vaches ?

Xavier : C'est la première condition, bien sûr ! Il faut être à l'aise avec les bêtes.

La journaliste : Est-ce un métier exigeant ?

Xavier : Oui, puisque les journées sont longues et qu'il faut connaître parfaitement le troupeau. Mais ce n'est pas tout.

La journaliste : Qu'est-ce qu'il faut encore ?

Xavier : On doit s'intéresser à tout ce qui concerne les vaches. En particulier, il faut apprendre beaucoup de choses sur leur nourriture.

La journaliste : À quel âge avez-vous commencé ce métier ?

Xavier : Dès l'âge de 11 ans j'ai commencé à avoir des contacts avec les vaches. Et maintenant, je considère le troupeau de mon patron comme le mien et j'en suis fier.

La journaliste : Avez-vous un projet ?

Xavier : Avec six ans d'expérience et grâce à mon patron, je présenterai mes meilleures vaches dans le plus grand concours de la région l'année prochaine.

（読まれる質問）

un : D'après Xavier, quelle est la première condition pour être vacher ?

deux : Pourquoi le métier de vacher est-il exigeant selon Xavier ?
trois : Selon Xavier, qu'est-ce qu'il faut faire en particulier pour devenir un bon vacher ?
quatre : Comment Xavier considère-t-il le troupeau de son patron ?
cinq : Quel est le projet de Xavier ?

解説 牛飼いの Xavier へのインタビューです。各設問ごとに見ていきましょう。

(1) 「牛飼いであること、それは牛を愛することですか」というジャーナリストの質問に Xavier は「もちろんそれが第一条件です。牛を相手にしてリラックスできなければいけないのです」と答えています。第 1 の質問「Xavier によれば、牛飼いであるための第一条件は何ですか」はこの部分に対応しています。印刷されている文では「牛に対して（　　）であること」となっていますから、空欄には「くつろぎ」を意味する aise が入ります。「くつろいで、気楽に」を意味する副詞句 à l'aise が Xavier の発言のなかで使われていることがわかっていれば容易に答えられるでしょう。

『ラルースやさしい仏仏辞典 Niveau 1』の aise の項をひくと、être à l'aise ; mettre à l'aise ; être mal à l'aise ; mettre mal à l'aise といった表現を、例文（« Partout où il se trouve, Jean est à son aise, sûr de lui. » « La discussion me mettait mal à l'aise, j'avais envie de partir. » など）と解説をとおして理解することができます。これらの動詞句をきちんと使えるか確認しておくことをおすすめします。

(2) 第 2 の質問「Xavier によると、牛飼いの仕事はなぜ骨が折れるのでしょうか」に答えるには、Xavier の 2 番目の応答「というのも、一日の仕事は長いですし、群れのことを完璧に知らなければいけないからです」をもとにすればよいでしょう。印刷された文では「なぜなら（　　）は長く、群れのことをよく（　　）しなければならないから」とありますから、最初の空欄には「一日の仕事」を意味する journées が入ります。複数形にすることを忘れないようにしましょう。2 番目の空欄には「知る」を意味する connaître が入ります。インタビューのなかでは le troupeau の直前に parfaitement という副詞が使われていますから、出題時にはそれを書いた受験者が多くいました。印刷された文では副詞 bien におきかえられていますし、構造上、第 2 の空欄には不定詞が必要であることに気づく必要があります。機械的な書き取りをしないように注意しましょう。

(3) ジャーナリストが牛飼いの仕事に「さらに何が必要ですか」と尋ねると、Xavier は「牛に関するすべてのことに興味をもたなくてはいけません。とくに、牛の飼料についてたくさんのことを学ぶ必要があります」と答えています。第3の質問「Xavierによれば、よい牛飼いになるためにはとくに何をしなければなりませんか」はこの部分に対応しています。印刷された文の最初の空欄には「学ぶ」を意味する動詞apprendre（connaître、étudierも可）が入ります。2番目の空欄には「飼料」を意味する名詞nourritureを入れれば正解です。出題時にはこの単語のつづりをまちがえた受験者が多く、*nouriture*、*noriture*、*norriture*、*nuriture*などの答案が見られました。

(4) 第4の質問「Xavierは雇い主の牛の群れをどのように考えていますか」に対応するのは、Xavierの4つ目の応答の後半です。そこで彼は「いまでは、雇い主の牛の群れを自分のもの (le mien) のように思っています」と述べています。印刷された文では「彼はそれを（　　）と見なしている」となっていますから、インタビューのなかで1人称で使われている所有代名詞le mienを3人称le sienにしてから、sienを記入しなくては正解になりません。出題時には聞いたとおりに*mien*を書いた受験者がひじょうに多く、得点率は1割に達しませんでした。文の構造、意味をよく考えて、必要な場合には書きかえをしなくてはいけないという点を忘れないようにしましょう。

(5) 第5の質問「Xavierの計画は何ですか」は、ジャーナリストの最後の質問に相当しますから、それに対するXavierの応答に着目すれば答えられるとすぐに予想できるでしょう。そこで彼は「来年には、地域でもっとも大きな品評会で自分の最高の牛を発表するつもりです」と述べています。印刷された文の最初の空欄には「発表する」といった意味の動詞présenterの直説法単純未来3人称単数présenteraを入れれば正解です。インタビューのなかでは1人称単数présenteraiになっているものを、人称を変えるだけなのですが出題時には多くの受験者が苦労したようです。(4)の場合と同様に、できあがった文がどういうものなのかを確認しながら空欄をうめるように努力しましょう。第2の空欄には「品評会」を意味する名詞concoursが入ります。この単語も受験者には意外にむずかしかったようで、出題時にはつづりのミスをした答案が多く見られました。日ごろから手を使って単語のつづりを覚える練習をしないと、とっさのときにまちがえてしまうものです。

解答
(1) (aise)
(2) (journées) (connaître)
(3) (apprendre) (nourriture)
(4) (sien)
(5) (présentera) (concours)

練習問題 2

・まず、ある音楽祭 (festival de musique) を主宰する Marie-Noëlle へのインタビューを聞いてください。
・つづいて、それについての 5 つの質問を読みます。
・もう 1 回、インタビューを聞いてください。
・もう 1 回、5 つの質問を読みます。1 問ごとにポーズをおきますから、その間に、答えを解答用紙の解答欄にフランス語で書いてください。
・それぞれの（　　）内に 1 語入ります。
・答えを書く時間は、1 問につき 10 秒です。
・最後に、もう 1 回インタビューを聞いてください。
・数を記入する場合は、算用数字で書いてください。
（メモは自由にとってかまいません）（配点 8）

［音声を聞く順番］ ⓰ → ⓱ → ⓰ → ⓲ → ⓰

(1) Oui, son histoire commence au (　　　) des années (　　　).

(2) Une (　　　) de concerts (　　　) entre 100 et 300 spectateurs par soir.

(3) Selon elle, le festival a réussi grâce à un (　　　) très (　　　).

(4) Ce sont des chanteurs qui (　　　) les oiseaux.

(5) Elle pense que c’est vraiment quelque chose d’(　　　).

（16 春）

（読まれるテキスト）

Le journaliste : Votre festival de musique a-t-il une longue histoire ?

Marie-Noëlle : Il fête ses 20 ans cet été. Son histoire commence donc au milieu des années 1990.

Le journaliste : Vous aurez combien de spectateurs cette année ?

Marie-Noëlle : Une dizaine de concerts attirera entre 100 et 300 spectateurs par soir.

Le journaliste : Comment expliquez-vous votre succès ?

Marie-Noëlle : Notre festival a réussi grâce à un programme très varié. Cette année, par exemple, nous avons invité des musiciens comme « Les Chanteurs d'oiseaux ».

Le journaliste : « Les Chanteurs d'oiseaux » ?

Marie-Noëlle : Ce sont des chanteurs qui imitent les oiseaux. C'est vraiment quelque chose d'exceptionnel.

（読まれる質問）

un : Le festival a-t-il une longue histoire ?

deux : Les concerts et les spectateurs seront-ils nombreux cette année ?

trois : Comment Marie-Noëlle explique-t-elle le succès de son festival ?

quatre : Qu'est-ce que « Les Chanteurs d'oiseaux » ?

cinq : Que pense Marie-Noëlle des « Chanteurs d'oiseaux » ?

解説 各設問ごとに見ていきましょう。

(1) 第１の質問「音楽祭には長い歴史がありますか」は、ジャーナリストの最初の質問に対応しますので、Marie-Noëlle の返答を見てみましょう。「今年の夏で 20 周年を迎えます。つまりその歴史は 1990 年代なかばに始まっているわけです」とあります。最初の空欄には milieu「なかば」が入ります。この単語のつづりは正しく書けるでしょうか。出題時には *millieu*、*milieux*、*millieux* などのまちがいが多く見られました。次の空欄には数字の 1990 が入ります。「90 年代なかばに」という言い方をするつもりで 90 とだけ書いても正解です。出題時の誤答としては *20* が多く見られましたが、*1986* としたものが散見したのは quatre-vingt-dix を quatre-vingt-*six* と聞きちがえたせいでしょうか。「～年代」という表現 les années ~ が身についていなかったのかもしれません。

(2) 第２の質問「今年はコンサートと観客の数は多いのでしょうか」は、ジャーナリストの２つ目の質問に対応します。Marie-Noëlle は「10 くらいのコンサートが一晩につき 100 人から 300 人までの観客を集めることになるでしょう」と答えています。entre... et ~ は数量を示す語句とともに用いると「…から～までの」という意味になります。また par には「～につき」という意味になる用法があることも確認しておきましょう。最初の空欄には dizaine が入ります。〈une dizaine de ＋複数形名詞〉の形で「およそ 10 の～」という意味をもつ表現であることは理解できているでしょうか。次の空欄には attirer「引き寄せる」の単純未来３人称単数 attirera が入ります。主語の une dizaine de concerts を複数と見なして単純未来３人称複数 attireront を入れても正解です。動詞の活用形をまちがえた受験者が出題時には多くいました。基本的な活用は日ごろから手で書いて練習しておきましょう。

(3) 第３の質問「Marie-Noëlle は音楽祭の成功をどのように説明していますか」は、ジャーナリストの３つ目の質問に対応します。Marie-Noëlle は応答で、「私たちの音楽祭が成功したのはきわめて多彩なプログラムのおかげです。たとえば今年は、« Les Chanteurs d'oiseaux » のような音楽家を招いています」と言っています。１つ目の空欄には programme「プログラム」が入ります。簡単そうですが実際に書いてみると意外に難問のようで、出題時には正解できた受験者は４割でした。誤答としては *program*、*programe*

といったつづりのまちがいがめだちました。2つ目の空欄には varié「多彩な」が入ります。divers を入れても正解です。

(4) 第4の質問「« Les Chanteurs d'oiseaux » とは何ですか」は、ジャーナリストの4番目の質問にあたります。印刷された答えは Marie-Noëlle の返答そのままですので、「鳥を（　　）歌手です」の空欄には imiter「まねる」の直説法現在3人称複数の imitent が入ります。これも基本的な動詞の活用ですが、出題時には正解答案は4分の1にすぎませんでした。誤答としては3人称単数にした *imite* がもっとも多く見られました。動詞の前後をよく見て、どの人称が適切かよく考えてください。

(5) そのすぐあとにつづく Marie-Noëlle の発言が、第5の質問「Marie-Noëlle は « Les Chanteurs d'oiseaux » についてどう考えていますか」に対応しています。Marie-Noëlle は「それは本当にたぐいまれなものです」と述べています。空欄には exceptionnel「たぐいまれな」が入ります。この単語も実際に書いてみると意外につまづきやすいようで、出題時には多数のつづりのミスが見られました。なお、同じような意味になり母音で始まる extraordinaire、original、inhabituel、unique を書いても正解です。

ここで、quelque chose に形容詞をつける場合は、de を介して男性単数形をつけることも確認するのはむだではないでしょう。『ラルースやさしい仏仏辞典 Niveau 1』の quelque chose の項をひき、さらに前後の項目（quelconque、quelques-uns、quelqu'un など）も熟読することをおすすめします。

解答 (1) (milieu) (1990)　(2) (dizaine) (attirera)
(3) (programme) (varié)　(4) (imitent)
(5) (exceptionnel)

練習問題 3

・まず、Michel へのインタビューを聞いてください。
・つづいて、それについての 5 つの質問を読みます。
・もう 1 回、インタビューを聞いてください。
・もう 1 回、5 つの質問を読みます。1 問ごとにポーズをおきますから、その間に、答えを解答用紙の解答欄にフランス語で書いてください。
・それぞれの（　　）内に 1 語入ります。
・答えを書く時間は、1 問につき 10 秒です。
・最後に、もう 1 回インタビューを聞いてください。
・数を記入する場合は、算用数字で書いてください。
（メモは自由にとってかまいません）（配点 8）

［音声を聞く順番］ ⑲→⑳→⑲→㉑→⑲

(1) Une (　　　　).

(2) Elle lui a dit que s'il (　　　　) toujours devant la télévision, il deviendrait (　　　　).

(3) Il a planté des (　　　　), mais il a laissé (　　　　).

(4) Parce qu'elles ne sont pas (　　　　) et que, laissées en (　　　　), elles trouvent leur nourriture toutes seules.

(5) Non, il en mange ou en (　　　　) à ses voisins.

（17 秋）

(読まれるテキスト)

La journaliste : Bonjour, monsieur. Vous élevez bien des poules ?

Michel : Oui, j'en ai une douzaine. Et cela, depuis dix ans.

La journaliste : Pourquoi avez-vous commencé à vous occuper de ces animaux ?

Michel : Il y a 12 ans, j'ai pris ma retraite. Comme je n'avais rien à faire, ma femme Annette m'a dit : « Si tu restes devant la télé toute la journée, tu deviendras idiot. »

La journaliste : Vous auriez pu faire autre chose.

Michel : J'ai d'abord planté des légumes, mais au bout de deux ans, j'ai laissé tomber. Leur culture me demandait trop de travail.

La journaliste : C'est alors que vous avez pensé aux poules ?

Michel : Oui, parce qu'elles ne sont pas difficiles. Laissées en liberté, elles trouvent leur nourriture elles-mêmes.

La journaliste : Vous vendez les œufs ?

Michel : Non, ce serait trop compliqué. On en mange quelques-uns à la maison, et on offre le reste aux voisins qui nous apportent en échange leurs fruits ou leurs légumes.

(読まれる質問)

un : Michel élève combien de poules ?

deux : Qu'est-ce qu'Annette a dit à son mari quand il a pris sa retraite ?

trois : Qu'est-ce que Michel a fait après sa retraite ?

quatre : Pourquoi Michel a-t-il préféré élever des poules ?

cinq : Michel vend-il les œufs ?

解説 各設問ごとに見ていきましょう。

(1) 「メンドリを飼っていらっしゃるんですね」というジャーナリストの質問に Michel は「はい、約 12 羽飼っています。10 年前から」と答えています。第 1 の質問「Michel は何羽のメンドリを飼っていますか」はこの部分に対応します。問題冊子に印刷されているのは不定冠詞 une だけで、それにつづく空欄をうめるわけですから「約 12」を意味する douzaine を入れれば正解です。誤答としては *12*、*2* などの数字を書いた答案が出題時にはありましたが、空欄に入れるにはふさわしくありません。vingtaine、centaine のように基数に -aine をつけて「約〜」の意味にするパターンは知っているはずですが、とっさに書くとなると意外にまちがう受験者が少なくありません。語彙をきちんと学んでいればさほどむずかしくはないはずです。

(2) 「その動物の世話をし始めたのはなぜですか」というジャーナリストの質問に、Michel は「12 年前、定年退職したのですが、なにもすることがなかったところ、妻の Annette に言われてしまったんです、『日がなテレビの前にいつづけたら、アホになってしまうわよ』とね」と答えています。第 2 の質問「夫が定年退職したとき、Annette は彼に何を言いましたか」はこの部分に対応しています。インタビューでは直接話法で言われている内容が、「もし彼がいつもテレビの前に（　　）彼は（　　）になるだろうと彼女は彼に言った」という意味をもつ間接話法の形で問題冊子に印刷されていますから、人称と時制に注意して解答しなくてはいけません。第 1 の空欄には過去における現在を示す半過去を使って restait を入れれば正解です（était も可）。出題時には直接話法の時制である現在形 *reste*、*est* を書いた答案が多くありました。第 2 の空欄には、インタビューで使われている形容詞 idiot をそのまま記入すれば正解ですが、同じような意味の別の単語 bête、stupide でも可です。idiot のつづりをまちがえて *idio*、*ideo* などと書いた答案が出題時には散見しました。

(3) ジャーナリストが「ほかのことをなさってもよかったのに」と言うと、Michel は「最初は野菜を植えたんです。でも 2 年たったところでやめてしまいました。育てるのに手がかかりすぎたので」と説明しています。第 3 の質問「定年退職後、Michel は何をしましたか」はこの部分に対応します。第 1 の空欄には、何を植えたかを記入すればよいので、légumes が入ります。

複数の s やアクサンを忘れないように気をつけましょう。第２の空欄には、インタビューで使われている表現 laisser tomber の tomber の部分を書けば正解です。出題時には過去分詞 *tombé* を書いた答案が少なくありませんでした。laisser tomber の使い方を再確認しましょう。

(4)「そこでメンドリのことを考えたのですね」というジャーナリストの質問に、Michel は「そうです。メンドリはうるさい要求はしないからです。放し飼いにしておけば、勝手にエサをみつけてくれます」と答えています。第４の質問「なぜ Michel はメンドリを飼うほうを好んだのですか」はこの部分に対応しています。問題冊子に印刷されている文は「メンドリは（　　）ではなく、（　　）にされていれば、自分たちでエサをみつけるから」という内容で、インタビューで使われている単語をそのまま書けばよいので容易に答えられるでしょう。第１の空欄には difficiles（exigeantes も可）を、第２の空欄には liberté を入れれば正解です。最初の空欄に *difficile* と単数形を書いた答案が出題時には多く見られましたが、印刷された文をよく読めばそのようなミスはしないですむでしょう。第２の空欄ではつづりのミスをして、*liverté*、*libérté*、*liberte* などと書いてしまった受験者がいました。

difficile はこの場合「（物事が）むずかしい、困難な」という意味ではなく、「（性格が）気むずかしい、要求が多い」といった意味です。『ラルースやさしい仏仏辞典 Niveau 1』の difficile の項ではこの２つの意味が区別され、第２の意味の例文として « Michel n'aime pas ceci, n'aime pas cela, qu'est-ce qu'il est difficile ! » « Tu aimes ça ? Eh bien ! tu n'es pas difficile ! » が載っています。用法を確認しておくとよいでしょう。

(5)「卵は売っていらっしゃいますか」とジャーナリストが最後に質問すると、Michel は「いいえ、それは複雑すぎます。家でいくつかは食べて、残りはくだものや野菜をかわりにもってきてくれる近所の人たちにあげています」と答えています。第５の質問「Michel は卵を売っていますか」はこの部分に対応しています。「いいえ、彼はそれを食べるか近所の人たちに（　　）」という内容の文が問題冊子に印刷されていますから、インタビューで使われている動詞を使って offre と書くか、類義の donne を書けば正解です。インタビューで使われている *reste* を書いた答案が出題時にはありましたが、それでは適切な文にはなりません。

解答　(1) (douzaine)　(2) (restait) (idiot)
(3) (légumes) (tomber)　(4) (difficiles) (liberté)
(5) (offre)

練習問題 4

・まず、Laurence と Gaston の対話を聞いてください。
・つづいて、それについての 5 つの質問を読みます。
・もう 1 回、対話を聞いてください。
・もう 1 回、5 つの質問を読みます。1 問ごとにポーズをおきますから、その間に、答えを解答用紙の解答欄にフランス語で書いてください。
・それぞれの（　　）内に 1 語入ります。
・答えを書く時間は、1 問につき 10 秒です。
・最後に、もう 1 回対話を聞いてください。
・数を記入する場合は、算用数字で書いてください。
（メモは自由にとってかまいません）（配点 8）

［音声を聞く順番］ ㉒→㉓→㉒→㉔→㉒

(1) Parce qu'il est tout (　　　　).

(2) Parce que cela porte (　　　　).

(3) Ce sont les (　　　　) qui ont inventé cette interdiction pour des raisons (　　　　).

(4) Ouvrir un parapluie dans une maison (　　　　) de vexer le (　　　　).

(5) Il pense que ce n'est pas (　　　　) mais que c'est (　　　　).

（18 春）

(読まれるテキスト)

Laurence : Ah, Gaston ! Il ne faut pas laisser ton parapluie ouvert dans la maison !

Gaston : Mais il est tout mouillé.

Laurence : Tu ne sais pas ? On dit qu'ouvrir un parapluie dans une maison porte malheur.

Gaston : Ah, c'est vrai. Au fait, pourquoi on dit ça ?

Laurence : Selon certains, ce sont les marchands qui ont inventé ça pour des raisons économiques. Ils voulaient que les parapluies s'abîment plus rapidement et qu'on soit obligés d'en acheter d'autres.

Gaston : C'est incroyable ! Les gens croient à n'importe quoi !

Laurence : Il y en a qui disent autre chose. Selon eux, ouvrir un parapluie dans une maison risque de vexer le toit.

Gaston : Qu'est-ce que tu racontes ?

Laurence : Parce que c'est le rôle du toit de protéger la maison. Si on ouvre un parapluie à l'intérieur, ça veut dire qu'on demande au parapluie de nous défendre de la pluie. Et donc on considère le toit comme inutile.

Gaston : C'est pas mal comme idée, mais c'est compliqué.

(読まれる質問)

un : Pourquoi Gaston a-t-il laissé son parapluie ouvert ?

deux : Pourquoi Laurence a-t-elle interdit à Gaston de laisser son parapluie ouvert ?

trois : Quelle est la première explication de Laurence sur l'interdiction d'ouvrir un parapluie dans une maison ?

quatre : Quelle est la deuxième explication de Laurence ?

cinq : Comment Gaston trouve-t-il la deuxième explication de Laurence ?

解説 読まれるテキストは、屋内で傘を開くと不幸になるという迷信をめぐるLaurenceとGastonの対話です。それでは、各設問をくわしく見ていきましょう。

(1) 第1の質問は、「なぜGastonは傘を開いたままにしておいたのですか」という意味ですが、これはLaurenceが最初のせりふで「家のなかで傘を開いたままにしてはだめだ」とたしなめるのに対し、Gastonが「でもびっしょり濡れてるんだ」と応答しているのに対応します。したがって、問題冊子の空欄にはmouillé「濡れている」が入ります。これは動詞mouiller「濡らす」の過去分詞から派生した形容詞と考えることができ、しばしば強意を示す副詞toutをともないます。『ラルースやさしい仏仏辞典Niveau 1』のmouillerの項には、« Tu es tout mouillé, va vite t'essuyer ou tu vas prendre froid. »という例文が載っています。出題時にはこの単語を知らない受験者が多かったのか、無回答がめだちました。ほかに*mouié*、*mouie*、*mouille*のようなつづりのまちがいも見られました。

(2) 第2の質問「なぜLaurenceは、Gastonに傘を開いたままにしておくのを禁じたのですか」は、Laurenceの最初と2つ目のせりふに対応します。その2つ目のせりふで、「家のなかで傘を開くと不幸になると言われている」と述べられていますから、問題冊子の空欄にはmalheur「不幸」が入ります。malchanceを入れてもよいでしょう。出題時には*malheure*、*maleur*というつづりまちがいによる誤答のほかに、形容詞*malheureux*を書き入れた誤答もありました。porter malheurは成句表現で、「不幸をもたらす」という意味になります。『ラルースやさしい仏仏辞典Niveau 1』のmalheurの項目をひいて確認しておきましょう。

(3) 第3の質問は、「家のなかで傘を開いてはならないという禁止についての、 Laurenceの最初の説明はどのようなものですか」ということです。どうしてそんなふうに言われているのだろう、と問うGastonに対して、Laurenceは3つ目のせりふで、「一部の人たちによると、(傘の) 販売業者が経済的な理由でこの話をでっちあげたらしい」と答えています。したがって、問題冊子の1つ目の空欄にはmarchands「販売業者」が入ります。同じ意味になるcommerçantsを入れてもかまいません。出題時の誤答としては*marchants*というつづりのまちがいが多くを占め、ほかに*marchant*、 *marchons* といった品詞のとりちがえもありました。2 つ目の空欄には économiques「経済的な」が入ります。ほぼ同義の commerciales「商売上の」でもかまいませんが、いずれにしても直前の名詞 raisons に性数を一致させる必要があります。ところが、出題時には *économique* と単数形にした誤答がひじょうに多く、また *economique*、*économic* といったつづりのまちがいも多く見られました。形容詞の性数一致はつい忘れがちですので、日ごろから気をつける習慣にしておくとよいでしょう。

(4) 第 4 の質問は「Laurence の 2 つ目の説明はどのようなものですか」という意味ですが、もちろん第 3 の質問につづいて、「家のなかで傘を開いてはならないという禁止」についての説明のことを尋ねているわけです。Laurence は 4 つ目のせりふで、「別のことを言う人もいる」と断ったうえで、「その人たちによると、家のなかで傘を開くと屋根が気を悪くする恐れがある」と述べています。問題冊子に印刷された答えは、Laurence のこの発言と同じです。1 つ目の空欄には risquer「～する恐れがある」の直説法現在 3 人称単数 risque が入ります。この動詞はしばしば、問題文のように risquer de + inf. の形で用いられます。『ラルースやさしい仏仏辞典 Niveau 1』の risquer の項をひいて、用法を確かめておきましょう。2 つ目の空欄には toit「屋根」が入ります。vexer le toit「屋根の気分を害する」という話の意外性のためか、この箇所を理解できた受験者は多くなかったようです。出題時の誤答としては同音異義の *toi* が大半を占めましたが、数字の *3*、*trois* も見られました。

(5) 第 5 の質問は、「Gaston は Laurence の 2 つ目の説明をどう思っていますか」と尋ねています。これは、室内で傘を開くと家を雨から守るという屋根の役割が無意味になるから屋根は気を悪くする恐れがあるのだ、と Laurence が 5 つ目のせりふで説明するのに、Gaston が示した感想に対応します。Gaston は最後のせりふで、「考えとしては悪くないけど、ややこしい」と言っています。したがって、問題冊子の 1 つ目の空欄には mal「悪い」が入ります。(Ce n’est) pas mal は、「悪くない、なかなかいい」という意味の慣用表現です。2 つ目の空欄には compliqué「ややこしい」が入ります。出題時には *complique*、*compriqué* といったつづりのまちがいや、不定詞の *compliquer*、女性形の *compliquée* といった誤答が見られました。

解答 (1) (mouillé) (2) (malheur)
(3) (marchands) (économiques) (4) (risque) (toit)
(5) (mal) (compliqué)

2

130語程度のテキストを２回聞いて、そのあとに２回つづけて読まれる10の短文の内容が最初に読まれたテキストの内容に一致しているかどうかを判定する問題です。一致する場合は解答用紙の該当箇所の①を、一致しない場合は②を塗りつぶします。配点10。

この問題でも聞き取り試験[1]とおなじく、１回目は、聞こえてくる話がどんな状況か、登場するのはどんな人物か、何が話題になっているのか、どういう出来事が語られているのか、などをおおづかみに把握し、２回目に聞くときにポイントになりそうな点をメモしておきましょう。

問題の文章をしっかり聞き取っていれば10の短文の正誤は比較的容易に判断できるのがふつうですが、ときには細部に関して不一致点をしかけた、引っかけ的な文が混じっていることがありますから油断はできません。選択式であるため、14-18年度の平均得点率は69％と比較的高い数字になっています。

以下にあげる実例に挑戦してみてください。解いたあとに「読まれるテキスト」、「読まれる内容について述べた文」と合わせて**解説**と**解答**を参照してください。重要な語彙に関する説明もつけてありますので、単語や表現の幅をひろげるのに役立つことでしょう。

練習問題 1

・まず、Alain の話を 2 回聞いてください。
・次に、その内容について述べた文⑴～⑽を 2 回通して読みます。それぞれの文が話の内容に一致する場合は解答欄の①に、一致しない場合は②にマークしてください。
・最後に、もう 1 回 Alain の話を聞いてください。
（メモは自由にとってかまいません）（配点 10）

（15 春）

［音声を聞く順番］ ㉕→㉕→㉖→㉖→㉕

（読まれるテキスト）

Ce matin, j'avais rendez-vous chez le coiffeur à neuf heures et demie. Mais quand je me suis réveillé, il était déjà 11 heures moins 20. Je n'étais pas content du tout ! Ce coiffeur a beaucoup de clients et j'avais eu du mal à prendre rendez-vous. Je ne voulais absolument pas manquer ce rendez-vous. Car sinon, il faudrait encore attendre deux mois. Alors j'ai dit à ma femme : « Pourquoi tu ne m'as pas réveillé ? » Comme elle se lève toujours beaucoup plus tôt que moi, ça ne devait pas être difficile. Mais elle m'a répondu d'un ton sec : « Tu aurais dû mettre ton réveil. » Elle n'est pas gentille, ma femme ! D'ailleurs j'avais mis mon réveil à huit heures. Et pourtant il n'a pas sonné. J'ai arrêté de discuter avec elle. J'ai appelé le coiffeur, et je lui ai demandé s'il ne pourrait pas me couper les cheveux quand même. Heureusement il m'a dit qu'il m'attendrait à une heure et quart. Un client venait d'annuler son rendez-vous. Je suis parti après avoir bu une tasse de thé au lait.

（読まれる内容について述べた文）

un : Alain avait rendez-vous avec son client à neuf heures et demie.

deux : Quand Alain s'est réveillé, il n'était pas heureux.

trois : Il n'est pas facile de prendre rendez-vous chez le coiffeur d'Alain.

quatre : Si l'on manque un rendez-vous chez le coiffeur d'Alain, il faut attendre 18 semaines.

cinq : Alain se lève toujours plus tôt que sa femme.

six : Alain a pensé que sa femme était méchante.

sept : Alain avait mis son réveil bien à l'heure.

huit : Au lieu de continuer à discuter avec sa femme, Alain a téléphoné au coiffeur.

neuf : Le coiffeur a dit à Alain qu'il pourrait le recevoir à 13 heures 15.

dix : Alain est parti après avoir bu une tasse de lait.

解説 10の短文をそれぞれ見ていきましょう。

(1)「Alainは9時半に顧客と会う約束があった」という文です。読まれるテキストの第1文で「私はけさ9時半に美容院の予約を入れてあったのです」と言われていますから、短文は話の内容と一致していません。9時半という箇所だけに注目してまちがえないように気をつけましょう。だれとの約束（予約）が問題になっているかにも着目する必要があるからです。実際、出題時には4割近い受験者がまちがえていました。

(2)「Alainは目覚めたとき、幸せな気分ではなかった」という文です。これは読まれるテキストの第3文で、寝坊をしたために「私はまったくいい気分ではありませんでした」と言われていることに対応しています。したがって短文は話の内容と一致しています。

(3)「Alainの美容院で予約をとるのは簡単ではない」という文です。これは読まれるテキストの第4文で「この美容師はたくさんの顧客をかかえていて、私は予約をとるのに苦労しました」と述べられていることに対応していますから、短文は話の内容に合っています。

読まれるテキストの第4文にj’avais eu du mal à prendre rendez-vousという節がありますから、もし筆記試験5の**練習問題1**(3)の解説（94ページ）を読んで参照していない場合には、この機会に『ラルースやさしい仏仏辞典Niveau 1』のmalの項をひいてみましょう。この項は長いですが、さまざまな意味、表現が例文と解説とともに載っています。よく読んで、それぞれの意味が理解できているか、用法がきちんと身についているか確認しておくとよいでしょう。

(4)「Alainの美容院では予約を1度逃がすと18週間待たなくてはいけない」という文です。読まれるテキストの第5、第6の文で「私はこの予約をどうしても逃がしたくありませんでした。そうでないと2ヶ月待たなければならないからです」とありますから、短文は話の内容とは一致しません。

(5)「Alainはいつも奥さんよりも早く起きる」という文です。読まれるテキストの第8文に「妻はいつも私よりもずっと早く起きるので」という節がありますから、短文はテキストの内容に一致していません。聞き取りでは、どちらが早く起きるのかをとっさに判断するのは意外にむずかしいかもしれません。出題時には4割近い受験者がまちがえていました。

(**6**) 「Alainは奥さんのことを意地悪だと思った」という文です。読まれるテキストの第7文から第10文にかけて、「なぜ起こしてくれなかったの」と寝坊したAlainが尋ねたのに、奥さんから冷たく「目覚ましをかけておけばよかったでしょうに」とあしらわれ、「優しくないな、まったく！」とむくれる記述がありますから、短文は話の内容に一致します。

(**7**) 「Alainは目覚ましをきちんと時間に合わせてセットしていた」という文です。読まれるテキストの第11文と第12文で、「だいたい私は目覚ましを8時にセットしておいたのに、(時間に) 鳴らなかったのです」とありますから、短文は話の内容に一致しています。短文で使われている à l'heure「時間に合わせて」と、読まれるテキストのなかの à huit heures「8時に」がちがうことにとまどわないようにしましょう。出題時にはそこでつまづいた受験者が半数近くいました。この場合のように、表現がことなっても内容は同じであることが聞き取って理解できるようにしたいものです。

名詞heure自体はよく知っているでしょうが、『ラルースやさしい仏仏辞典Niveau 1』のheureの項を読んでさまざまな用法が身についている確認することをおすすめします。régler une montreやêtre ponctuelがどこに載っているかわかりますか。

(**8**) 「Alainは奥さんと話し合うかわりに、美容師に電話をかけた」という文です。読まれるテキストの第13文と第14文前半で「私は妻と話し合うのをやめて、美容師に電話をかけました」と述べられていますから、短文は話の内容に一致しています。読まれるテキスト(J'ai arrêté de discuter avec elle. J'ai appelé le coiffeur)と短文(Au lieu de continuer à discuter avec sa femme, Alain a téléphoné au coiffeur)の表現がちがっていることに引っかからないようにしましょう。出題時には半数の受験者がまちがっていましたが、冷静に考えれば同じことを言っていることがわかるはずです。

「～するかわりに」を意味する前置詞句au lieu deは『ラルースやさしい仏仏辞典Niveau 1』のau lieu deの項（lieuではなく）で扱われています。deのあとには、読まれるテキストの場合のように不定詞が来るだけでなく、名詞か代名詞も使うことができます。例文（« C'est Pierre qui viendra, au lieu de Jacques, qui est malade. »など）をよく読んで使い方が身についているか確認してみましょう。

⑼「美容師は Alain に、13 時 15 分にいらっしゃいと言った」という文です。読まれるテキストの第 15 文で「幸運にも、1 時 15 分に待っていますよと彼（美容師）は言ってくれました」と述べられていることに対応していますから、短文は話の内容に一致しています。「午後 1 時 15 分に」と言うときに à une heure et quart と à 13 heures 15 のふたつがあることはだれでも知っているはずですが、聞き取りできちんと理解できるでしょうか。出題時には半数の受験者が引っかかってしまいました。時間表現は基本ですし、あらゆる場面で必要になりますからしっかり聞き取って理解できるようにしましょう。

⑽「Alain は牛乳を 1 杯飲んでから出かけた」という文です。読まれるテキストの最後の文で「私はミルクティーを 1 杯飲んでから出かけました」と述べられていますから、短文は話の内容に一致していません。une tasse de thé au lait と une tasse de lait はきちんと区別して聞き取れたでしょうか。

解答

(1) ②	(2) ①	(3) ①	(4) ②	(5) ②
(6) ①	(7) ①	(8) ①	(9) ①	⑽ ②

練習問題 2

・まず、Antoinette の話を 2 回聞いてください。
・次に、その内容について述べた文(1)～(10)を 2 回通して読みます。それぞれの文が話の内容に一致する場合は解答欄の①に、一致しない場合は②にマークしてください。
・最後に、もう 1 回 Antoinette の話を聞いてください。
（メモは自由にとってかまいません）（配点 10）

（16 秋）

［音声を聞く順番］ ㉗→㉗→㉘→㉘→㉗

（読まれるテキスト）

Mon frère Gérard est un véritable étourdi. Il oublie tout le temps ses rendez-vous. Voici l'incident le plus récent. Samedi dernier, nous devions aller au mariage de notre cousine. Gérard m'avait dit qu'il viendrait me chercher en voiture chez moi à midi. Comme je ne sais pas conduire, j'étais contente d'éviter ainsi de payer un taxi. Pourtant samedi à midi, Gérard n'est pas venu. Je l'ai attendu jusqu'à midi et demi. Alors, je l'ai appelé, d'abord sur son portable et puis chez lui. Mais il avait coupé son portable et il n'y avait personne chez lui. Je me suis demandé s'il n'avait pas eu un accident.

Affolée, j'ai téléphoné à son voisin Henri. Je lui ai demandé s'il n'était pas arrivé quelque chose à mon frère. Henri a commencé par rire. Puis au bout d'un moment, il m'a expliqué la situation. Il m'a dit : « Votre frère est à côté de moi. Nous sommes en train de regarder un match de foot à la télévision. Ce matin, son poste est tombé en panne. Comme il voulait absolument suivre le début du match en direct, il est venu chez moi. Et il a complètement oublié le mariage de votre cousine. » Je n'aurais jamais dû compter sur mon frère.

（読まれる内容について述べた文）

un : Gérard n'oublie jamais ses rendez-vous.

deux : Samedi dernier, Antoinette et Gérard devaient aller au mariage de leur cousin.

trois : Gérard avait promis à Antoinette de venir la chercher à midi moins cinq.

quatre : Antoinette n'a pas le permis de conduire.

cinq : Comme Gérard n'était pas venu à midi, Antoinette lui a téléphoné sans attendre une minute.

six : Comme Antoinette était inquiète, elle a appelé le voisin de son frère.

sept : Gérard était en train de regarder un match de foot quand Henri a reçu le coup de fil d'Antoinette.

huit : Le poste de télévision de Gérard est tombé en panne samedi matin.

neuf : Selon Henri, Gérard a préféré suivre en direct le match plutôt que de se rendre au mariage.

dix : Antoinette regrette d'avoir compté sur son frère.

解説 10の短文をそれぞれ見ていきましょう。

(1)「Gérardは会う約束をけっして忘れない」という文です。本文第1段落第2文で「彼（= Gérard）は会う約束をしじゅう忘れるのです」とAntoinetteが述べていますから、この短文は本文の内容に一致しません。

(2)「先週の土曜日、AntoinetteとGérardは彼らの従兄弟の結婚式に行くことになっていた」という文です。本文第1段落第4文で結婚式に出席する予定があったことが言われていますが、その最後に注目すると、notre cousin「私たちの従兄弟」ではなくnotre cousine「私たちの従姉妹」が結婚するのだとわかります。したがって男性形cousinを使っている短文は本文の内容に一致しません。出題時には男性形と女性形の区別に注意しなかった受験者が多く、正解した答案は4分の1しかありませんでした。

(3)「GérardはAntoinetteに（昼の）12時5分前に迎えにくると約束していた」という文です。本文第1段落第5文で「Gérardは正午に家まで車で迎えにいくよと私に言っていました」とAntoinetteが語っていますから、約束の時間が正午であることは明白です。したがって短文は本文の内容に一致しません。

(4)「Antoinetteは運転免許をもっていない」という文です。本文第1段落第6文の最初の節で「私は車の運転ができないので」と言われていますから、この短文は本文の内容に一致しています。本文と短文の表現が少しちがっていても、それで混乱せずに内容をよく考え、落ちついて答えましょう。

(5)「Gérardが正午に来なかったので、Antoinetteは1分も待たずに彼に電話をかけた」という文です。本文第1段落第7文から第9文にかけて、「しかし土曜日の正午にGérardは来なかったのです。私は12時半まで待ちました。そこで、まずは携帯に、それから自宅に電話をかけてみました」とAntoinetteは述べています。したがって、12時が過ぎてすぐではなく、30分待ったあとに電話をしたことがわかりますから、短文は本文の内容に一致していません。

(6)「Antoinetteは心配だったので、兄（または弟）の隣人に電話をかけた」という文です。本文第1段落最後で、携帯を切っていて自宅にもいないGérardに何か事故が起きたのかと思ったと言ったあと、第2段落冒頭で「心配になって、彼の隣人の Henri に電話をしました」と Antoinette は述べています。本文では affolée が使われているのに対して、短文では inquiète が使われているだけで、内容は同じですから正解は①です。

この機会に『ラルースやさしい仏仏辞典 Niveau 1』の affolé と inquiet の項を読み、それぞれどのような同義語があげられているかを確認するとよいでしょう。

(7) 「Gérard がサッカーの試合を見ているときに、Henri のところに Antoinette から電話がかかってきた」という文です。すでに(6)で見たように Antoinette は Henri に電話をしましたが、そのときに Henri が状況を説明したことが本文第 2 段落第 5 文で直接話法で語られています。彼は「ぼくたちはテレビでサッカーの試合を見ているところなんです」と言っていますから、短文は本文の内容に一致しています。

この短文で主節に直説法半過去が使われ、quand でみちびかれる従属節に複合過去が使われている点に注目するとよいでしょう。こういった場合にどう理解したらよいかは筆記試験 6、**練習問題 1** (1)の解説で説明されている（110 ページ参照）とおりで、文の主要な内容は突発的な出来事を表わす従属節に移っています。したがって「〜のとき」はむしろ主節の部分の訳に対応します。

(8) 「Gérard のテレビは土曜の朝に故障した」という文です。本文第 2 段落にある Henri のせりふの第 3 文に「今朝、彼（= Gérard）のテレビは故障してしまったのです」とありますから、短文は本文の内容に一致しています。

(9) 「Henri によれば、結婚式に行くよりサッカーの実況中継を見るほうがよいと Gérard は思った」という文です。本文第 2 段落の Henri のせりふの後半で、「試合の最初を実況で絶対に見たいと思ったので、彼（= Gérard）はぼくの家に来たのです。そして、あなたの従姉妹の結婚式をすっかり忘れてしまったというわけです」と言われています。したがって、Gérard は意図的にサッカーの試合を見ることを選んだのではなく、テレビを見ているうちに結婚式を忘れてしまったと Henri は説明していることがわかります。ですから短文は本文の内容に一致していません。

(10) 「Antoinette は兄（または弟）をあてにしたことを後悔している」という文です。本文最後で Antoinette が「私は兄（または弟）をあてにすべきではなかった」と言っていますから、短文は本文の内容に一致しています。本文最後で条件法過去 je n'aurais jamais dû が使われています。devoir をこのように条件法過去で使うと、後悔または非難の意味になることは身についているでしょうか。

解答 (1) ② (2) ② (3) ② (4) ① (5) ②
(6) ① (7) ① (8) ① (9) ② (10) ①

練習問題 3

・まず、Serge の話を 2 回聞いてください。
・次に、その内容について述べた文 (1) ～ (10) を 2 回通して読みます。それぞれの文が話の内容に一致する場合は解答欄の ① に、一致しない場合は ② にマークしてください。
・最後に、もう 1 回 Serge の話を聞いてください。
（メモは自由にとってかまいません）（配点 10）

（17 春）

［音声を聞く順番］ ㉙ → ㉙ → ㉚ → ㉚ → ㉙

（読まれるテキスト）

Hier je suis allé à une exposition de peinture. On pouvait y voir des tableaux d'un artiste français peu connu. Il y avait beaucoup de monde. Il y en avait même trop. C'était vraiment difficile de s'approcher des œuvres. Je voyais plutôt les têtes des gens que les peintures. Dans les salles, il y avait de nombreuses gardiennes. Elles paraissaient avoir très froid, parce qu'elles avaient toutes une couverture de laine sur les genoux.

En regardant ces jeunes filles au lieu des tableaux, j'ai aperçu, dans un coin de la troisième salle, une de mes nièces. Je ne l'avais pas vue depuis très longtemps. Je lui ai dit : « Tiens, bonjour Hélène. » D'abord elle a eu l'air tout étonnée et elle semblait me prendre pour un fou. J'ai continué : « Tu ne me reconnais pas ? Je suis ton oncle Serge. » Elle n'a pas réagi tout de suite. Puis elle m'a dit : « Ah, tu as beaucoup changé ! Tu ne portes plus ta veste rose ni tes lunettes roses ? Pourtant j'aimais bien cette couleur. »

C'est vrai, jusqu'à il y a cinq ans, je portais toujours du rose, mais un jour, ma femme m'a dit que cette couleur n'allait plus à mes cheveux gris et qu'elle préférait le vert. Pourtant si Hélène aime mieux le rose, je devrais peut-être revenir à cette couleur.

（読まれる内容について述べた文）

un : Hier, Serge est allé voir l'exposition d'un artiste français bien connu.

deux : Les salles de l'exposition étaient plutôt désertes.

trois : Serge regardait plus les gens que les tableaux.

quatre : Les gardiennes avaient chacune une couverture de fourrure sur les genoux.

cinq : La nièce de Serge était dans un coin de la treizième salle.

six : Serge n'avait pas vu Hélène depuis très longtemps.

sept : Hélène a eu du mal à reconnaître Serge.

huit : Hélène aimait bien les lunettes roses de Serge.

neuf : C'est la fille de Serge qui lui a conseillé de changer de couleur.

dix : Serge se demande s'il ne vaut pas mieux porter de nouveau du rose.

解説 Serge という男性が、展覧会会場に行ったときの話をしています。10の短文をそれぞれくわしく見ていきましょう。

(1) 「きのう Serge はよく知られたフランス人アーチストの展覧会を見にいった」という文です。本文の第 1 段落第 2 文に、「ほとんど知られていないフランス人アーチスト」と述べられています。したがって短文は本文の内容に一致しません。「ほとんど〜ない」という意味の副詞 peu を注意深く聞き取ることが求められる問題ですが、聞き取りがむずかしい語だったためか出題時には正解答案は 5 割強にとどまりました。

この機会に『ラルースやさしい仏仏辞典 Niveau 1』の peu の項を熟読するとよいでしょう。

(2) 「展覧会会場はどちらかといえば閑散としていた」という文です。本文の第 1 段落第 3 文に「たくさんの人がいた」とありますから、本文の内容に一致しません。

(3) 「Serge は絵よりも人を見ていた」という文です。本文の第 1 段落第 6 文に、「絵よりもむしろ人の頭が見えていた」とありますから、短文は本文の内容に一致します。

(4) 「見張りの女性は各自毛皮の毛布をひざにかけていた」という文です。本文の第 1 段落第 8 文に、「彼女たちはとても寒そうに見えた、なぜならばみんなひざにウールの毛布をかけていたからだ」とありますから、短文は本文の内容に一致しません。『ラルースやさしい仏仏辞典 Niveau 1』の fourrure の項と laine の項を見るとそれぞれ何であるかが説明されています。ちがいを確認するようにしましょう。出題時には苦労した受験者が多かったようで、得点率は 5 割に達しませんでした。

(5) 「Serge の姪は第 13 室の隅にいた」という文です。本文第 2 段落第 1 文に、「第 3 室の隅に、私の姪の 1 人を見かけた」とありますから、短文は本文の内容に一致しません。序数 troisième と treizième の聞き取りがむずかしかったためか、出題時には正解した答案は 3 分の 1 でした。

(6) 「Serge はずいぶん久しい前から Hélène と会っていなかった」という文です。本文の第 2 段落第 2 文は主語が「私」ではあるもののまったく同じ内容ですので、短文は本文の内容に一致します。

(7) 「Hélène は Serge だとわかるのに苦労した」という文です。Hélène は Serge に話しかけらるものの、本文の第 2 段落第 4 文には「彼女はまったく驚いたようだった」とあり、第 2 段落第 5 文で「私のことがわからないのかい、君の叔父の Serge だよ」と言われたものの、それでも第 2 段落第 6 文では「彼女はすぐには反応を示さなかった」とありますので、Hélène は Serge だとわかるのにずいぶんと時間がかかっていることが理解できます。したがって短文は本文の内容に一致します。

(8) 「Hélène は Serge のピンクの眼鏡がとても好きだった」という文です。本文第 2 段落の最後の文で、Serge のピンクの眼鏡について Hélène が「その色がとても好きだった」と述べていますから、短文は本文の内容に一致します。

(9) 「Serge に色を変えるようにとすすめたのは娘だった」という文です。本文第 3 段落第 1 文に、「妻がその色は白髪まじりの私の髪にもう合わないと言った」とありますから、短文は本文の内容に一致しません。

(10) 「Serge はまたピンクのものを身につけるほうがよくはないかと自問している」という文です。本文第 3 段落の最後の文に「おそらくその色に戻ったほうがよいだろう」と Serge が述べていますので、短文は本文の内容に一致します。否定にまどわされなければ容易に答えられるでしょう。

『ラルースやさしい仏仏辞典 Niveau 1』の valoir の項に il vaut mieux + inf.、il vaut mieux que + subj. の例文（« Avec cette chaleur, il vaut mieux rester chez soi, c'est moins fatigant. » など）と解説があるので、参照しておきましょう。

解答 (1) ② (2) ② (3) ① (4) ② (5) ②
(6) ① (7) ① (8) ① (9) ② (10) ①

練習問題 4

・まず、Simone の話を２回聞いてください。
・次に、その内容について述べた文 (1) ～ (10) を２回通して読みます。それぞれの文が話の内容に一致する場合は解答欄の ① に、一致しない場合は ② にマークしてください。
・最後に、もう１回 Simone の話を聞いてください。
（メモは自由にとってかまいません）（配点 10）

（18 秋）

［音声を聞く順番］ ㉛ → ㉛ → ㉜ → ㉜ → ㉛

（読まれるテキスト）

J'ai six ans. Je suis fille unique. Mon père est médecin et ma mère infirmière. Ils sont toujours gentils avec moi. Ou plutôt, jusqu'à hier, ils étaient toujours gentils et j'étais heureuse. Car hier soir, j'ai eu une triste expérience, qui ne m'était jamais arrivée. Pour la première fois de ma vie, ma mère m'a fait des reproches ! Pour moi, cela a été un choc terrible. Qu'est-ce que j'avais pu faire qui puisse mériter des mots si désagréables de sa part ? Même en réfléchissant bien, je ne vois toujours rien de particulier dans ce que j'ai fait pendant la journée d'hier. Bien sûr, après le petit déjeuner, j'avais laissé couler le robinet du lavabo et on avait dû faire sécher les tapis. À midi, j'avais oublié de ranger mes poupées qui traînaient dans le couloir, et mon grand-père s'était cassé la jambe en glissant sur elles. Dans l'après-midi, en la laissant tomber, j'avais mis en morceaux la tasse à thé préférée de ma grand-mère. Mais tout cela est-il si grave ? Ma mère aurait-elle eu raison d'être si grossière avec moi ? Non, vraiment, je n'arrive pas à en être convaincue. J'ai peut-être été imprudente, mais je n'ai pas été méchante. Ah ! la vie est dure !

（読まれる内容について述べた文）

un : Le père de Simone est infirmier.
deux : Simone reçoit souvent des reproches de sa mère.
trois : L'évènement d'hier a été un coup terrible pour Simone.
quatre : Simone ne comprend toujours pas pourquoi sa mère lui a

fait des reproches.

cinq : Dans la matinée, Simone n'avait pas bien fermé le robinet du lavabo.

six : On avait dû faire sécher les tapis à cause de Simone.

sept : Simone n'avait pas laissé traîner ses poupées.

huit : Le grand-père de Simone s'était cassé la jambe en glissant.

neuf : Simone avait cassé la tasse à café préférée de sa grand-mère.

dix : Simone pense que la vie est pénible.

解説 Simoneという子どもの話です。10の短文をそれぞれ見ていきましょう。

(**1**) 「Simoneの父親は看護師である」という文です。本文第3文で「私の父は医者で、母は看護師です」とSimoneが語っていますから、この短文は本文の内容に一致していません。

(**2**) 「Simoneは母親からよくしかられる」という文です。本文第6文と第7文で「夕べ、今までなかった悲しい経験をしました。生まれてはじめて母が私をしかったのです！」とSimoneは話しています。したがって、彼女は母親から頻繁にしかられてはこなかったわけですから短文は本文の内容に一致していません。

『ラルースやさしい仏仏辞典Niveau 1』のreprocheの項をひき、用法と同義語、反意語を確認しておくとよいでしょう。ついでに動詞reprocherの項も参照し、例文（« On lui reproche surtout de s'être tu au moment où il aurait dû dire la vérité. »など）をとおして構文がきちんと身についているかどうか再確認しましょう。

(**3**) 「きのうの出来事（この単語は現在ではévènementとévénementの2種類のつづりが通用しています）はSimoneにとって大変なショックだった」という文です。(2)で見たとおり、夕べ生まれてはじめて母親にしかられたSimoneは、本文第8文で「私には、それは大変なショックでした」と語っていますから、この短文は本文の内容に一致しています。本文でun choc terribleと述べられていることが短文でun coup terribleと言いかえられていることにまどわされないように気をつけましょう。

『ラルースやさしい仏仏辞典Niveau 1』のcoupの項は長いですが熟読しておくとよいでしょう。この設問で使われているのと同じ用法の例文（« Voilà, j'ai encore raté mon examen. — Mon pauvre vieux, ça c'est un sale coup ! »）以外に、さまざまな表現が載っています。例文（« Ne lui réponds pas, ça ne vaut pas le coup. » « J'ai compris après coup pourquoi il m'avait dit ça. »など）をとおして、多様な用法がしっかり身についているか確認してください。

(**4**) 「なぜ母親にしかられたのか、Simoneはまだわからない」という文です。本文第9文と第10文で「母からこれほど不快なことを言われるのに値することを私は何かしたかしら？　よく考えても、きのう1日にしたことのなかに特別なものがあるようには思えません」とSimoneは語っています。したがってこの短文は本文の内容に一致しています。

『ラルースやさしい仏仏辞典Niveau 1』のtoujoursの項をひき、pas toujoursとtoujours pasのちがいを確認しておくとよいでしょう。それぞれの例文（« Méfie-toi : il ne dit pas toujours la vérité. » « Il n’est toujours pas arrivé ? — Non, toujours pas. »など）は正確に理解できますか。自分でも使いこなせるか検討してみましょう。

(5)「Simoneは午前中、洗面台の蛇口をきちんと閉めなかった」という文です。(5)から(9)の短文はいずれも大過去が使われていますから、前日の出来事に関するものだとわかるでしょう。本文第11文で「たしかに朝食のあと、洗面台の蛇口を流しっぱなしにして、カーペットを乾かさなくてはならなくなりました」とSimoneは語っています。ですから洗面台の蛇口をしっかり閉めなかったわけですからこの短文は本文の内容に一致しています。本文とちがう表現が使われているために迷った受験者が多かったようで、出題時には正解答案は半分しかありませんでした。

robinet、lavaboといった単語になじみがない受験者がいるかもしれませんが、『ラルースやさしい仏仏辞典Niveau 1』でそれぞれの項をひき、どのように使われるか確認しておくとよいでしょう。ついでにévierの項も参照することをおすすめします。

(6)「Simoneのせいでカーペットを乾かさなくてはならなかった」という文です。(5)で見たとおり、Simoneが洗面台の蛇口をしっかり閉めなかったために水があふれ、カーペットを乾かさなくてはならなくなったと本文第11文で述べられていましたから、この短文は本文の内容に一致しています。

(7)「Simoneは人形をほったらかしにはしなかった」という文です。本文第12文で、「お昼に、廊下にほったらかしにしてあった人形を片づけるのを忘れて、祖父がその人形ですべって脚を折りました」とSimoneは語っていますから、この短文は本文の内容に一致していません。ここでも本文とちがう表現が使われていたためでしょうか、出題時の正解答案は半数にとどまりました。

筆記試験 [2] の **練習問題４** (5)の解説（47ページ）でも指摘しましたが、

『ラルースやさしい仏仏辞典 Niveau 1』の traîner の項をひき、その多様な用法を例文（« Ne traîne pas les pieds, tu vas abîmer tes chaussures ! » « Tu ne vois pas que ton manteau traîne par terre ? » « Ne traîne pas trop, on est très en retard ce matin ! » など）をとおして確認し、きちんと身についているか、例文のような文を自分で使えるか見ておくとよいでしょう。

(8)「Simone の祖父はすべって脚を折りました」という文です。(7)で見たとおり、Simone が廊下に人形を出しっぱなしにしたために彼女の祖父はすべって脚を折ったと本文第 12 文で述べられていますから、この短文は本文の内容に一致します。

se casser la jambe が複合形で使われる場合に過去分詞の一致がどうなるか、きちんと理解しているでしょうか。知識があやふやな場合には参考書などで確認しておくことをおすすめします。

(9)「Simone は祖母のお気に入りのコーヒーカップを割りました」という文です。本文第 13 文で「午後には、祖母のお気に入りのティーカップを落として粉々にしてしまいました」と Simone は語っていますから、この短文は本文の内容に一致していません。la tasse à thé と la tasse à café を混同しないように気をつけましょう。mettre en morceaux という動詞句が本文で使われていますが、短文では casser と言いかえられている点にも注目しておくとよいでしょう。

(10)「Simone は人生がつらいと考えています」という文です。母親にしかられたことが納得できない Simone は本文の最後に「ああ、人生ってつらいのね！」と感嘆文で語っていますから、この短文は本文の内容に一致しています。本文中の形容詞 dur が短文では pénible で言いかえられているだけです。

『ラルースやさしい仏仏辞典 Niveau 1』の dur と pénible の項をひき、例文（« Paul est dur avec ses enfants, il ne les laisse jamais sortir le soir. » « Que cet enfant est pénible, à toujours bouger et crier comme ça ! C'est insupportable ! » など）をとおしてそれぞれの多様な使い方をきちんと理解しているか、確認しておくとよいでしょう。

解答

(1) ②	(2) ②	(3) ①	(4) ①	(5) ①
(6) ①	(7) ②	(8) ①	(9) ②	(10) ①

2次試験

2 次 試 験

2級の2次試験は次のように進行します。

(1) 試験方法

(a) 試験は個人面接の形でおこなわれます。
　面接委員はフランス人1人と日本人1人です。
　すべてフランス語で進行します。
(b) 入室すると面接委員が本人確認をおこないます。
(c) フランス人面接委員が、ひとつのテーマについて話すよう求めます。
(d) 受験者がそのテーマについて話します。
(e) 受験者が述べたことをもとに面接委員が質問してきますので、それに答えます。
(f) 時間の余裕があれば、そのほかの点についても尋ねられることがあります。
(g) 試験時間は入室から退室まで、全体で約5分です。

(2) 2次試験対策

(a) 面接委員が提示するテーマはいずれも日常生活に関連したテーマです。たとえば次のような分野が14-18年には問題にされています。見てわかるとおり、何度も出題されている話題もあります。

家族や友人。

Dans votre famille, qui s'occupe de la cuisine (du ménage) ?（17秋）
De quoi parlez-vous avec vos amis (vos collègues) ?（18秋）
De quoi parlez-vous avec votre famille ?（17春）
Présentez-nous quelqu'un de votre famille.（15春）
Présentez-nous un(e) de vos ami(e)s (collègues,

professeurs).（14 秋、16 秋、17 秋）
Présentez-nous votre famille.（16 春、18 春）

ペット

Avez-vous des animaux chez vous ?（18 春）
Préférez-vous les chiens ou les chats ? Pourquoi ?（15 秋）

住んだ場所、住んでいる地域、住みたい場所。

Aimeriez-vous vivre en ville ou à la campagne ?（18 春）
Aimez-vous votre ville ? Pourquoi ?（16 春）
Préférez-vous habiter une maison ou un appartement ? Pourquoi ?（14 秋、17 春、18 秋）
Présentez-nous le lieu où vous êtes né(e).（18 秋）
Présentez-nous le quartier où vous habitez.（14 春、15 秋）
Voulez-vous vivre à l'étranger ? Où et pourquoi ?（16 春）

日常の行動。

Aimez-vous faire des courses ? Où et quand ?（18 秋）
Allez-vous souvent au *konbini* (dans un grand magasin) ?（17 秋）
Avez-vous beaucoup de vêtements ?（18 秋）
Écrivez-vous plutôt à la main ou avec l'ordinateur ? Pourquoi ?（14 春）
Est-ce que vous faites quelque chose pour protéger l'environnement ?（17 春）
Est-ce que vous vous regardez souvent dans le miroir ?（18 秋）
Faites-vous quelque chose de spécial pour votre santé ?（15 秋、17 秋）

Faites-vous souvent des achats sur Internet ? Pourquoi ?（15 春）
Le matin, quand vous vous levez, qu'est-ce que vous faites en premier ?（15 春）
Le soir, quand vous rentrez chez vous, qu'est-ce que vous faites en premier ?（15 秋）
Préférez-vous (travailler) le matin ou le soir ? Pourquoi ?（16 秋）
Quand vous voulez éviter une invitation, quelle excuse donnez-vous ?（17 秋）
Que faites-vous dans le train ou dans le métro ?（15 春、16 秋、18 春）
Que préférez-vous, les bains ou les douches ?（14 春、18 秋）
Qu'est-ce que vous faites après votre travail ?（17 春）
Qu'est-ce que vous faites avant de dormir ?（17 秋）
Qu'est-ce que vous faites pour votre anniversaire ?（17 秋）
Racontez-nous votre journée.（17 春）
Vous couchez-vous tôt ou tard ? Pourquoi ?（15 春）
Vous levez-vous tôt le matin en général ? Pourquoi ?（14 秋、18 春）

余暇の過ごし方。

Cette année, quels sont vos projets pour les vacances d'été ?（14 春、16 春）
Comment avez-vous passé le nouvel an ?（17 秋）
Comment avez-vous passé Noël ?（16 秋）
Comment passez-vous le week-end ?（14 秋）

Où avez-vous passé le jour de l'an ?（15 秋）

Pendant le week-end, préférez-vous sortir ou rester à la maison ?（17 春）

Préférez-vous la mer ou la montagne ? Pourquoi ?（14 秋）

Préférez-vous Noël ou le jour de l'an ? Pourquoi ?（14 秋）

Préférez-vous sortir seul(e) ou en groupe ?（14 春）

Qu'est-ce que vous aimez faire le week-end ?（16 秋）

Qu'est-ce que vous allez faire cet été ?（18 春）

Qu'est-ce que vous faites le dimanche, en général ?（18 春）

Qu'est-ce que vous faites quand vous êtes en vacances ?（18 秋）

過去の思い出、将来の計画、夢。

Que ferez-vous dans dix ans ?（18 秋）

Racontez-nous un souvenir de votre enfance.（18 春）

Si vous devenez très riche, qu'est-ce que vous voulez faire ?（14 春）

学業、仕事。

Êtes-vous content(e) de votre travail (université, école, société, etc.) ?（15 春）

Préférez-vous travailler seul(e) ou en équipe ?（17 春）

通学、通勤などの交通手段、経路。

Vous déplacez-vous souvent à vélo ?（16 秋）

Vous êtes venu(e) ici comment ?（14 秋）

好み、価値観。

Êtes-vous plutôt optimiste ou pessimiste ?（17 春）

Pour vous, qu'est-ce qui est important dans la vie ?
(16秋)

Préférez-vous dépenser votre argent ou faire des économies ? Pourquoi ? (17秋)

Quand aimez-vous être seul(e) ? (16春)

Quel jour de la semaine préférez-vous ? Pourquoi ?
(15秋)

Quelle est la saison que vous aimez le plus ?
(14春、14秋、17秋)

Quels sont vos qualités et vos défauts ? (18春)

Qu'est-ce qui vous fait le plus peur ? (16春)

食生活。

D'habitude, où mangez-vous à midi ? (15春)

Est-ce que vous faites la cuisine ? (18春)

Mangez-vous souvent dans un restaurant ? (16秋)

Quel est votre plat préféré ? (14秋)

Vous aimez cuisiner ? Quel plat aimez-vous préparer ? (16春)

Vous prenez le petit déjeuner tous les matins ? (17春)

旅行。

Préférez-vous voyager en train ou en voiture ? (15春)

Quel pays étranger (Quelle région du Japon) aimeriez-vous visiter ? (15秋)

Quelle ville du Japon aimeriez-vous le plus visiter ? Pourquoi ? (14春、14秋)

Racontez-nous le dernier voyage que vous avez fait.
(18秋)

Racontez-nous un voyage récent. (16秋)

読書、メディア、映画、音楽。

Allez-vous souvent à la bibliothèque ? (15 秋)
Allez-vous souvent sur Internet ? (15 秋)
Lisez-vous le journal tous les jours ? Pourquoi ? (14 春、16 春)
Pourriez-vous vivre sans téléphone portable ? (15 春)
Pourriez-vous vivre sans télévision ? Pourquoi ? (16 春)
Pour vous, la vie sans Internet (téléphone portable) est-elle possible ? (17 秋)
Préférez-vous voir les films chez vous ou au cinéma ? (16 秋)
Présentez-nous une émission télévisée (un film) que vous aimez. (15 春、17 春)
Quand et comment écoutez-vous de la musique ? (15 秋)
Quel genre de musique aimez-vous ? (14 春)

(b) これらのテーマ、質問のそれぞれについて7〜8行程度の文章をフランス語で書いてみましょう。できれば先輩や先生にそれを見てもらい、添削してもらうとよいでしょう。そして、その文章を暗記するまで声に出して何度も読んでみると、自分のレパートリーが少しずつふえていきます。

(c) 面接試験の会場では、質問をきちんと聞き取って理解してから答えましょう。たとえばComment passez-vous le week-end ? と尋ねられた場合、早とちりしてすぐに先週末にしたことを話し出してはいけません。定冠詞がついたle week-endは「この（最近の）週末」などの意味ではなく「一般に週末というもの」を意味するわけですから、質問の趣旨は「一般に週末はどう過ごしますか」ということです。質問の意味がよくわからなかったりあやふやに思えたりする場合には、もう1度繰り返してくださいと言えば、面接委員は心よく、同じ文をゆっくり言ったり、別の表現を使ったりしながら質問してくれるでしょう。

(d) 面接試験においては、背筋を伸ばして、相手にきちんと向かい、落ち着いて、はっきりとした口調で話すことが大切です。就職試験やビジネスにおける接客の態度と同じことです。Oui か Non だけでぶっきらぼうに答えるのではコミュニケーション能力に欠けると判断されてしまいますので、主語と動詞をふくんだ文のかたちで答え、会話が展開していくように心がけてください。

(e) 在仏経験のある人のなかには、自分がフランスで友人たちと話していたときのような口調で話すのが「流暢な」話し方だと誤解して、たとえば oui を *ouais*、eh bien を *eh ben* などと言って得意になっている人がいますが、気をつけましょう。日本語でもフランス語でも、TPO（時と所と場合）にかなった態度と話し方があります。この点を誤解しないようにしましょう。

カバー写真©https://fr.m.wikipedia.org/wiki/Fichier:À_l%27
arbre_à_liège_-_10_rue_Tiquetonne,_Paris.jpg

文部科学省後援
実用フランス語技能検定試験

仏検公式ガイドブック
セレクション2級
（CD付）

定価 2,750 円（本体 2,500 円＋税10%）

2020年4月10日 初版発行
2022年4月20日 2刷発行

編　者
発行者　公益財団法人　フランス語教育振興協会

発行所　公益財団法人　**フランス語教育振興協会**
〒102-0073 東京都千代田区九段北 1-8-1 九段101ビル 6F
電話（03）3230-1603　FAX（03）3239-3157
https://apefdapf.org

発売所　（株）**駿河台出版社**
〒101-0062 東京都千代田区神田駿河台 3-7
振替口座 00190-3-56669番
電話（03）3291-1676（代）　FAX（03）3291-1675
http://www.e-surugadai.com
ISBN978-4-411-90296-2　C0085　¥2500E